Burnout und chronischer beruflicher Stress

Ratgeber zur Reihe Fortschritte der Psychotherapie
Band 39

Burnout und chronischer beruflicher Stress

Prof. Dr. Dr. Andreas Hillert, Dr. Stefan Koch, Prof. Dr. Dirk Lehr

Herausgeber der Reihe:

Prof. Dr. Kurt Hahlweg, Prof. Dr. Martin Hautzinger,
Prof. Dr. Jürgen Margraf, Prof. Dr. Winfried Rief

Begründer der Reihe:

Dietmar Schulte, Klaus Grawe, Kurt Hahlweg, Dieter Vaitl

Andreas Hillert
Stefan Koch
Dirk Lehr

Burnout und chronischer beruflicher Stress

Ein Ratgeber für Betroffene
und Angehörige

hogrefe

Prof. Dr. phil. Dr. med. Andreas Hillert, geb. 1961. Seit 2008 Chefarzt der Schön Klinik Roseneck (Prien am Chiemsee).

Dr. rer. nat. Stefan Koch, geb. 1975. Leitender Psychologe und Supervisor, seit 2002 psychotherapeutische und wissenschaftliche Tätigkeit in der Schön Klinik Roseneck (Prien am Chiemsee).

Prof. Dr. rer. nat. Dirk Lehr. Seit 2015 Professor für Gesundheitspsychologie und Angewandte Biologische Psychologie am Institut für Psychologie der Leuphana Universität Lüneburg.

Bibliografische Information der Deutschen Nationalbibliothek
Die Deutsche Nationalbibliothek verzeichnet diese Publikation in der Deutschen Nationalbibliografie; detaillierte bibliografische Daten sind im Internet über http://dnb.dnb.de abrufbar.

Hogrefe Verlag GmbH & Co. KG
Merkelstraße 3
37085 Göttingen
Deutschland
Tel. +49 551 999 50 0
Fax +49 551 999 50 111
verlag@hogrefe.de
www.hogrefe.de

Umschlagabbildung: francescoch © iStock.com by Getty Images
Satz: Matthias Lenke, Weimar
Druck: Media-Print Informationstechnologie, Paderborn
Printed in Germany
Auf säurefreiem Papier gedruckt

1. Auflage 2018

(E-Book-ISBN [PDF] 978-3-8409-2833-8; E-Book-ISBN [EPUB] 978-3-8444-2833-9)
ISBN 978-3-8017-2833-5
http://doi.org/10.1026/02833-000

Inhalt

Vorwort

Das vorliegende Buch richtet sich an Menschen, die sich vom Thema „Burnout und chronischer Stress“ persönlich betroffen fühlen und über Informationen hinausgehend für sich konkrete Veränderungsmöglichkeiten suchen. Wir, die Autoren, wollen Sie auf diesem Weg begleiten. Damit Ihr Vorhaben gelingen kann, wäre zunächst einmal eine persönliche, vertrauensvolle Atmosphäre ideal, in der Sie offen Ihre Situation schildern, und wir dann gemeinsam, Schritt für Schritt, mit Ihnen die Probleme analysieren, Lösungsmöglichkeiten erarbeiten und, anfangs durchaus experimentell, alternative Strategien erproben. Dass eben dies im Rahmen eines Buches nur eingeschränkt möglich ist, ist sicher ein Nachteil. Dem steht der Vorteil gegenüber, dass sich niemand vor anderen mit seinen Problemen offenbaren muss. Zudem: Sie bestimmen, wann, wo und wie schnell Sie an Ihrer Entlastung arbeiten möchten.

Um die Wahrscheinlichkeit zu erhöhen, dass Sie dieses Buch intensiv nutzen, haben wir versucht, den Text so persönlich wie möglich zu gestalten. Nach einer kurzen Einführung, in der das Phänomen „Burnout“ definiert und diskutiert wird, werden Sie im ersten Kapitel zwei Betroffene kennenlernen, die uns durch das Buch begleiten werden. Wirklich hilfreich wird der in den folgenden Kapiteln vorgeschlagene Weg für Sie dann, wenn Sie die gestellten Fragen beantworten, die vorgeschlagenen Übungen durchführen und dabei mit uns (und sich selbst) ins Gespräch kommen. An Punkten, die zur Stressreduktion bedeutsam sein können, finden Sie Fragen und Anmerkungen, die zur Reflexion anregen und Übungen anstoßen sollen. Es gibt zwar Strategien, die nachweislich besser, eleganter und zielführender sind als andere. Solche Konzepte auf Ihre Situation anzupassen, können aber nur Sie. Damit dies letztendlich gelingt, ist vorübergehender Mehraufwand leider unvermeidlich. Andererseits ist die Chance hoch, dass Leser, die trotz der heute oftmals schwierigen beruflichen Ausgangssituationen Ihre Handlungsspielräume gut nutzen, eine spürbare Entlastung und damit eine höhere Lebensqualität erreichen.

Die Autoren hoffen und wünschen, dass Ihnen eben dies gelingt!

Andreas Hillert und Stefan Koch sind langjährig als ärztliche bzw. psychologische Psychotherapeuten in der Schön Klinik Roseneck in Prien am Chiemsee tätig. In unserer täglichen Arbeit haben wir es sehr häufig mit Menschen zu tun, die beruflichen Belastungen als entscheidenden Grund für die zur Aufnahme in der Klinik führende psychische Erkrankung (zumeist Depressionen) erleben. Über die Jahre hinweg haben wir aus dieser täglichen praktischen Erfahrung heraus berufsbezogene Therapien entwickelt, erprobt und wissenschaftlich evaluiert. Dirk Lehr ist Professor für Gesundheitspsychologie an der Leuphana-Universität Lüneburg. Er beschäftigt sich dort intensiv u. a. mit der Entwicklung von Präventionsangeboten – auch online – im Bereich beruflicher Stress. Aus der Kooperation der Autoren, wobei sich deren unterschiedliche Perspektiven ergänzen, resultieren zahlreiche Studien und Publikationen. Von den entsprechenden Präventions- und Therapieangeboten konnten viele unserer Patienten und Klienten gut profitieren.

Wir bedanken uns bei allen, die unsere Arbeit unterstützt haben und ohne die dieses Buch nie entstanden wäre, also bei allen Patienten und Klienten, die an unseren Studien und Behandlungen mitgewirkt haben, sowie bei unseren Kolleginnen und Kollegen in Klinik und Universität. Unser Dank gilt zudem und nicht zuletzt dem Hogrefe Verlag und Herrn Professor Martin Hautzinger, dem Herausgeber dieser Reihe, für die Einladung und unermüdliche Unterstützung, dieses Buch zu realisieren.

Prien und Lüneburg, im Mai 2017 *A. Hillert, S. Koch* und *D. Lehr*

1 Burnout

1.1 Ein guter Anfang

Mit dem Wunsch nach Entlastung und weniger Stress sind Sie, liebe Leserinnen und Leser, nicht allein. Wenn Sie dieses Buch lesen, weil Ihnen der Stress zu viel geworden ist, dann gehören Sie zu der wachsenden Gruppe von Interessierten und Betroffenen, die es nicht beim Wunsch nach weniger Stress belässt, sondern etwas zur Entlastung tut. Damit ist zuerst die Zeit gemeint, die Sie sich nehmen, um mit diesem Buch zu arbeiten. Das ist ein guter Anfang und ist alles andere als selbstverständlich! Schließlich ist es meist die Zeitnot, die Stress auslöst. Wer hat im Stress Zeit, sich Freiräume für Stressreduktion zu schaffen? Sie haben begonnen, dieses Buch zu lesen und sich damit auf Ihren persönlichen Weg der Entlastung gemacht. Wir wünschen Ihnen gutes Gelingen! Die Beschäftigung mit dem eigenen Denken und Handeln in Bezug auf beruflichen Stress kann zudem im Sinne von Selbsterfahrung und persönlicher Weiterentwicklung anregend sein und sogar Spaß machen. Um echte Entlastung zu erreichen, ist es in aller Regel nötig, die Ärmel hochzukrempeln und sich an die Arbeit zu machen.

Wenn dieses Buch für Sie mehr als eine kurzweilige Lektüre sein soll, empfehlen wir, dass Sie sich auch zur Bearbeitung der beigefügten Materialien ausreichend Zeit nehmen, um die jeweiligen Inhalte nicht zuletzt auch in Ihrem beruflichen Alltag zu erproben. Ergänzend kann es sinnvoll sein, sich einen Lesepartner zu suchen, d.h. den eigenen Partner, einen Freund oder auch einen Kollegen, mit dem Sie sich zu den verschiedenen Abschnitten austauschen und gegenseitig Rückmeldung geben können. Sollten Sie sich parallel in Psychotherapie befinden, so bietet es sich an, die anhand dieses Buches bearbeiteten Themen dort mit einzubringen und gegebenenfalls zu vertiefen.

1.2 Burnout, was ist das?

Der Titel des vorliegenden Buches *Burnout und chronischer beruflicher Stress* beinhaltet zwei durchaus nicht selbsterklärende Begriffe. Lassen Sie uns mit Burnout beginnen. Möglicherweise lesen Sie dieses Buch, weil Sie sich als ausgebrannt erleben. Möglicherweise denken Sie, dass Sie unter *Burnout* leiden, z.B. weil Sie sich am Ende eines Arbeitstages oft ausgelaugt und erschöpft fühlen oder bei sich erhöhte Reizbarkeit und Zynismus Kunden oder Kollegen gegenüber bemerkt haben. Vielleicht haben Sie auch schon Gespräche geführt, bei denen es darum ging, dass jemand an *Burnout* erkrankt sei und behandelt wird. Bei alledem schwingt mit, dass es sich bei Burnout um eine Diagnose bzw. eine Erkrankung handelt. Andererseits wird Burnout in den Medien als „Modediagnose" diskutiert. Was konkret ist Burnout und wo kommt der Begriff her?

Der Begriff „Burnout", auf Deutsch „Ausgebrannt", bezeichnet im Gesundheitsbereich negativ erlebte Zustände bzw. Befindlichkeiten, die vorzugsweise auf berufliche Überlastung zurückgeführt werden. Burnout ist im Sinne der Weltgesundheitskonferenz (WHO) keine Diagnose. Im Manual der Internationalen Klassifikation von Erkrankungen (ICD-10) wird Burnout nur als undefinierte und unspezifizierte Zusatzkategorie erwähnt („Faktoren, die den Gesundheitszustand beeinflussen und zur Inanspruchnahme von Gesundheitsdiensten führen: Z73.0 Erschöpfungssyndrom [Burnout]").

Burnout wurde vom Psychotherapeuten Herbert Freudenberger (1926–1999), der dem Nazi-Regime entkommen war und sich (und seine Familie) gewissermaßen durch berufliches wie außerberufliches Über-Engagement abzusichern versuchte, d.h. aus der Perspektive eines sich selbst betroffen fühlenden Menschen heraus konzipiert. Ein grundsätzliches Problem ist, dass unsere spontanen Erklärungen stets subjektiv bleiben: verständnislose Vorgesetzte, schlechte Arbeitsbedingungen und überhaupt zu viel Druck im System gelten gemeinhin als Ursachen von Burnout. Keinem, der sich ausgebrannt fühlt, ist zu verübeln, dass er die Ursachen seines Zustandes nicht bei sich selbst sucht! Burnout-Betroffene sind aus dieser Perspektive heraus gesehen auch nicht psychisch krank. Sie brauchen demnach keine Therapie, sondern bessere Arbeitsbedingungen! Es ist entlastend, die Welt so sehen zu können. Und natürlich sind es oftmals natürlich objektiv belastende Faktoren, die zur Überlastung beitragen. Solange man darauf aber keinen direkten Einfluss hat, laufen solche Überlegungen Gefahr, in Grübelkreisläufen zu enden, die dazu beitragen, dass es uns noch schlechter geht (vgl. dazu Kapitel 3.5). Welche Symptome kennzeichnen Burnout? In der Literatur werden weit über 100 Merkmale genannt, die alle als Burnout-Symptome gelten (vgl. Kasten).

Symptome von Burnout (Auswahl in Anlehnung an Burisch, 2014)

- Erschöpfung, Energiemangel, Schlafstörungen ...
- Konzentrations- und Gedächtnisprobleme, Insuffizienzgefühle, Entscheidungsunfähigkeit
- Verringerte Initiative und Fantasie, Gleichgültigkeit, Langeweile, Desillusionierung, Neigung zum Weinen, Schwächegefühl, Ruhelosigkeit, Verzweiflung ...
- Größere Distanz zu Kunden/Klienten, Betonung von Fachjargon, Vorwürfe gegen andere, Verlust an Empathie, Zynismus, Verlust von Idealismus, Bitterkeit („Dehumanisierung")
- Partnerschafts- und/oder Familienprobleme
- Gefühl mangelnder Anerkennung
- Körperliche Symptome wie Engegefühl in der Brust, Atembeschwerden, Rückenschmerzen, Übelkeit

Es dürfte kaum Menschen geben, die nicht mehrere dieser Symptome aus eigenem Erleben kennen. Keines dieser Symptome ist für irgendetwas spezifisch. Auch eine für Burnout charakteristische Symptomatik gibt es nicht. So gesehen ist der verbreitete Begriff „Burnout-Syndrom" falsch und irreführend.

Die Psychologin Christina Maslach entwickelte ungeachtet dessen einen Burnout-Fragebogen (Maslach Burnout Inventar – MBI; Maslach & Jackson, 1986), der heute weltweit verbreitet ist. Demnach ist das Burnout-Syndrom durch drei zentrale Merkmale charakterisiert:

- *Emotionale Erschöpfung.* Die gefühlsmäßige Erschöpfung gilt weithin als das Kernsymptom des Burnouts. „Ich fühle mich durch meine Arbeit ausgebrannt", „Am Ende eines Arbeitstages fühle ich mich verbraucht" oder „Ich fühle mich wieder müde, wenn ich morgens aufstehe und den nächsten Arbeitstag vor mir habe" sind Beispiele für Fragen, mit denen im MBI die emotionale Erschöpfung gemessen wird.

- *Reduzierte persönliche Leistungsfähigkeit.* Die Erschöpfung kann begleitet sein vom Eindruck, keine gute Arbeit mehr zu leisten, die Probleme auf der Arbeit nicht mehr effektiv lösen zu können, nur noch wenig Lohnenswertes zu erreichen und kaum mehr einen sinnvollen Beitrag leisten zu können.
- *Depersonalisierung.* Gemeint ist damit, dass Betroffene gefühlsmäßig verhärten und gleichgültig oder gar zynisch und feinselig gegenüber anderen und deren Schicksal werden.

In der Medizin und der Psychotherapie versucht man, gesundheitliche Probleme zu messen und dann deren Ursache zu ermitteln, etwa hohen Blutdruck und hohen Blutzucker. Die Ursachen von Gesundheitsproblemen körperlicher wie seelischer Art sind vielfältig und komplex miteinander verwoben. Das zentrale Problem dieses und aller anderen Burnout-Fragebögen ist, dass sie zum einen Symptome (z. B. Erschöpfung: *„Am Ende des Arbeitstages fühle ich mich erledigt“*) und zum anderen die vermuteten Gründe, was diesen zugrunde liegen könnte, miteinander vermengt abfragen (*„Durch meine Arbeit fühle ich mich ausgebrannt“*).

Nachdem heute sehr viele Menschen Stress erleben, liegt Burnout-Selbstidentifikation im Trend („Burnout-Epidemie“). Fragt man direkt: *„Fühlen Sie sich ausgebrannt“*, dann stimmen etwa ein Drittel aller Befragten zu. Aber nur jeder sechste Befragte leidet unter einer Depression. Fragt man anschließend, ob sich jemand als „Burnout“ erlebt, also unter Verwendung des englischen Wortes, dann fühlen sich in Deutschland viel weniger Menschen betroffen (etwa 10 %), wobei dann mehr als jeder Dritte dieser Gruppe unter einer Depression leidet (vgl. Abbildung 1). Je mehr es nach Fachbegriff klingt, umso medizinischer bzw. gravierender scheint es zu sein. Eben dies verweist nachdrücklich auf die Macht der Bilder und Begriffe, auf denen unsere Wahrnehmung, unser Erleben und Denken beruht, und denen wir uns deshalb kaum entziehen können.

Festzuhalten bleibt, dass es für Burnout weder eindeutige Symptome noch spezifische Erklärungsansätze gibt. Je genauer man hinschaut, umso unklarer wird, was Burnout ist. Dass Burnout trotzdem ein sehr verbreiteter Begriff ist, muss andere Gründe haben. Vor allem sind Burnout, Brennen und Ausbrennen starke sprachliche Bilder! Was sehen Sie vor Ihrem inneren Auge, wenn Sie das Wort Burnout hören? Das schon erwähnte ausgebrannte Haus? Wenn Sie dies sehen, weckt es Hoffnung auf Besserung oder macht es Sie hilf-

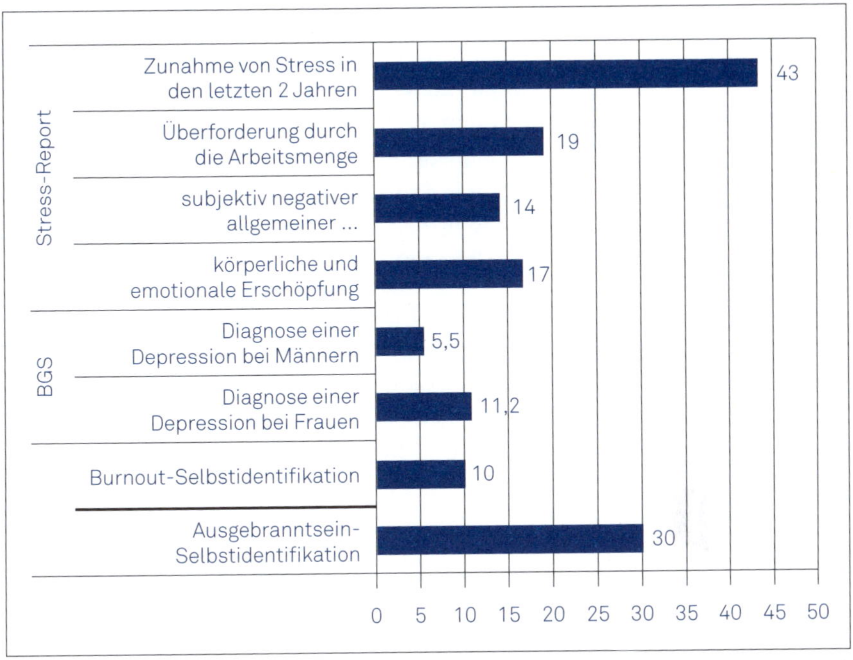

Abbildung 1: Angaben (in Prozent) zu Stress und Gesundheit aus dem Stress-Report der Bundesanstalt für Arbeitsschutz und Arbeitsmedizin, dem Bundesgesundheitssurvey (BGS) sowie dem Stress-Monitor. Die Angaben aus dem BGS beziehen sich auf die Häufigkeit depressiver Erkrankungen im Verlauf eines Jahres.

los? Andere sprachliche Bilder, z.B., wenn davon die Rede ist, dass der Akku leer ist, sind diesbezüglich anders. Zum Wesen eines Akkus gehört, dass Entladen und Aufladen bzw. Spannung und Entspannung wechseln. Einen entladenen Akku kann man problemlos aufladen, aber was macht man mit einem abgebrannten Haus?

Hilfreich am Begriff des Burnout-Syndroms ist, dass damit heute öffentlich über den Zusammenhang von Arbeit und psychischer Gesundheit gesprochen werden kann. Das ist angemessen, richtig und wichtig. Nicht ohne Grund hat der Gesetzgeber festgelegt, dass Unternehmen ihre Arbeitsplätze im Hinblick auf Gefahren für die psychische Gesundheit untersuchen und im Bedarfsfall Maßnahmen ableiten müssen.

Übrigens: Ob und wie intensiv sich hochbelastete Menschen ausgebrannt fühlen oder nicht, verweist nicht zuletzt auf deren berufliche Bezugsgruppe. So war es unter Lehrern schon vor Jahren üblich, Überlastung als Burnout zu erleben und zu kommunizieren. Seinerzeit hätte unter Bankern der gleiche Begriff ein Karriereende bedeutet und wurde deshalb tunlichst vermieden. Nach der Bankenkrise 2008 hat sich dies deutlich verändert. Heute ist Burnout-Erleben hier vermutlich ein ebenso großes Thema und in praktisch allen Berufsgruppen ein viel diskutiertes Thema.

Chronischer Stress ist ein Risikofaktor für zahlreiche Erkrankungen, für körperliche Erkrankungen wie Bluthochdruck und für psychischen Erkrankungen. Unter Letzteren wiederum sind Depressionen am häufigsten (vgl. Abbildung 1). Erschöpfung, gesteigerte Ermüdbarkeit oder der Verlust von Vertrauen in die eigene Leistungsfähigkeit sind in dieser Kombination charakteristische Symptome der Depression, sofern körperliche Erkrankungen als Ursache ausgeschlossen sind. Viele Menschen, die unter einer Depression leiden, erleben und beschreiben ihren Zustand als Burnout, auch deshalb, weil psychische Erkrankungen benennende Begriffe heute noch vielfach als stigmatisierend erlebt werden. Das ist in Ordnung, solange die Depression nicht übersehen oder bagatellisiert wird! Depressionen sind mit Psychotherapie, in schwereren Fällen in Kombination mit Medikamenten, gut behandelbare Erkrankungen.

Körperliche und psychische Erkrankungen haben in der Regel nicht eine einzelne Ursache, sondern resultieren aus dem Zusammenwirken mehrerer Risikofaktoren. Dies wird aktuell als *bio-psycho-soziales Modell* bezeichnet. Damit ist gemeint, dass es Risikofaktoren auf unterschiedlichen Ebenen gibt: der Veranlagung, der persönlichen Lerngeschichte sowie aktueller Belastungen und Ressourcen. Jeder Mensch ist diesbezüglich unterschiedlich; der eine hatte seelisch stabile Eltern und hat von Kindheit an gelernt, sich in Konflikten zu behaupten, ein anderer hat mehrere psychisch erkrankte Angehörige und wurde von ängstlichen Eltern angehalten, Konflikte zu meiden. Wenn nun berufliche Belastungen bei entsprechender persönlicher Disposition (d.h. einer Kombination von entsprechender Veranlagung und Lerngeschichte) die Bewältigungsmöglichkeiten des Betroffenen übersteigen, dann kann dies die Entwicklung einer behandlungsbedürftigen Symptomatik zur Folge haben. Sollte eine Depression vorliegen, dann ist eine fachgerechte diagnostische Abklärung und Behandlung bei einem Facharzt oder einem Psychologischen Psychotherapeuten zu empfehlen. Die in diesem Band beschriebenen Strategien reichen zur Überwindung einer depressiven Symptomatik absehbar nicht aus (vgl. Kasten). In diesem Fall können sie aber die Behandlung, z. B. zur Rückfallprophylaxe, sinnvoll ergänzen.

Symptome einer Depression nach ICD-10

Kernsymptome

1. Depressive Stimmung bzw. anhaltende Niedergeschlagenheit, die meiste Zeit des Tages, fast jeden Tag, im Wesentlichen unbeeinflusst von den Umständen und mindestens zwei Wochen anhaltend.
2. Interessen- oder Freudeverlust an Aktivitäten, die normalerweise angenehm waren.
3. Verminderter Antrieb oder gesteigerte Ermüdbarkeit.

Zusätzlich mögliche Symptome

1. Verlust des Selbstvertrauens oder des Selbstwertgefühls.
2. Unbegründete Selbstvorwürfe oder ausgeprägte, unangemessene Schuldvorwürfe.
3. Wiederkehrende Gedanken an den Tod oder an Suizid oder suizidales Verhalten.
4. Verminderte Konzentrationsfähigkeit.
5. Psychomotorische Agitiertheit oder Hemmung.
6. Schlafstörungen.
7. Appetitverlust oder gesteigerter Appetit mit entsprechenden Gewichtsveränderungen.

Wenn mehrere dieser Symptome über mindestens zwei Wochen anhalten, dann wird, sofern es dafür keine anderen Erklärungen gibt, die Diagnose einer depressiven Episode gestellt. Etwa 8,5 % aller Erwachsenen erleidet jedes Jahr mindestens eine depressive Episode. Diese Häufigkeit hat in den vergangenen Jahren trotz steigender Belastungen in der Arbeitswelt und des Verlustes von sozialer Sicherheit wenn, dann nur leicht zugenommen. Unter depressiven Symptomen leidende Menschen sind in der Regel weniger leistungsfähig. Zunehmender Druck am Arbeitsplatz, aber auch eine verbesserte Diagnostik wird dafür verantwortlich gemacht, dass Betroffene heute häufiger und früher krankgeschrieben werden. Der von allen Krankenkassen gemeldete Anstieg von Krankschreibungen und Frühberentungen aufgrund psychischer Erkrankungen lässt sich hierdurch erklären.

Fassen wir zusammen

„Burnout" bzw. „Ausgebranntsein" verweist auf ein prägnantes Bild, mit dem aktuell viele unter beruflichem Druck stehende, von chronischem Stress belastete bzw. überlastete Menschen ihren Zustand beschreiben. „Burnout" ist keine Diagnose, sondern ein griffiges persönliches Erklärungsmodell! Alle mit dem Burnout-Syndrom in Verbindung gebrachten Symptome sind zu unspezifisch, als dass hieraus eine klare Diagnose und eindeutige Behandlungsempfehlungen ableitbar wären. Überschneidungen mit Symptomen einer Depression sind häufig. Ein Teil der sich ausgebrannt fühlenden Menschen erfüllt die Kriterien einer psychischen Erkrankung, zumeist die einer Depression. Chronischer beruflicher Stress kann sich zudem negativ auf körperliche Faktoren (hoher Blutdruck, Diabetes etc.) auswirken. Diese zu erkennen ist wichtig, um hier – über Strategien im Umgang mit chronischem beruflichem Stress hinaus – eine fachgerechte ärztliche bzw. psychotherapeutische Abklärung und Behandlung einzuleiten. Was mögliche psychische Folgen anbelangt, bietet sich der *Ratgeber Depression* (Hautzinger, 2006) oder bei anhaltendenden Beschwerden der *Ratgeber Chronische Depression* (Wolkenstein & Hautzinger, 2015) an.

1.3 Begegnungen mit Betroffenen

1.3.1 Ein Ingenieur fragt: Stress, Burnout oder Depression?

Fallbeispiel: Hans D.

Hans D. liebt seinen Beruf. Aber in der Firma läuft es nicht mehr „rund". Stress alleine wäre nicht das Problem. Die Kommunikation stimmt nicht mehr. Hans D. fühlt sich wie mit dem Rücken zur Wand. Er kann sich kaum noch erholen und schläft schlecht.

Hans D., 54 Jahre, ist Ingenieur und bekleidet seit mehr als 18 Jahren eine gehobene Position in einem bekannten Maschinenbauunternehmen. Er ist verheiratet und Vater von zwei halbwüchsigen Kindern. Seine Frau ist Lehrerin, die derzeit nur stundenweise in ihrem Beruf arbeitet („um drin zu bleiben"). Lange war Hans D. ein von seinen Vorgesetzten hochgelobter, erfolgreicher

Mitarbeiter. Seine Kollegen schätzen ihn bis heute. Hans D. ist viel unterwegs, um Standorte, an denen Maschinen installiert werden, zu besuchen. Der damit verbundene „Stress“ hatte ihm bislang nicht viel ausgemacht. Er konnte seine Erfolge genießen: Neben einem überdurchschnittlichen Gehalt war es vor allem die freundschaftliche Arbeitsatmosphäre, die ihm behagte.

Seit anderthalb Jahren hat sich das Leben von Hans D. grundlegend geändert. Sein alter Chef ging in den Ruhestand. Nachfolger wurde ein junger Manager. Zehn Jahre jünger als Hans D. fehlt ihm zwar jede Erfahrung im Maschinenbau. Dafür ist er stets modisch gekleidet und mit einem Laptop unterwegs, in dem er Gewinnmargen und geplante Umsätze anschaulich präsentieren kann. Er pflegt eine freundschaftlich klingende Kommunikation, wobei Hans D. das Gefühl hat, dass hinter dieser Fassade nur auswendig gelernte Gewinnmaximierungsparolen stecken. Die Situation eskalierte, als Hans D. angewiesen wurde, kurzfristig einen Auftrag auszuführen, was aus zwingenden technischen Gründen so nicht möglich war. Der neue Vorgesetzte verwies stereotyp freundlich auf die langjährige Erfahrung von Hans D., dem es angesichts dieser sicher gelingen werde, eine passende Lösung zu finden. Bedenkenträger brauche man in der global operierenden Firma nicht, sondern Menschen, die anpacken, kreativ und durchsetzungsfähig sind. Eine inhaltliche Klärung war nicht möglich. Alles prallte am stereotypen Lob ab, mit dem er Hans D. de facto unter Druck setzte. Um die geplanten Umsatzzahlen zu erreichen, sei der Abschluss des Projektes zwingend erforderlich. Hans D. kannte den Bereichsleiter und suchte diesen in seinem Büro auf. Früher, in ähnlichen Situationen, hatte dieser stets ein offenes Ohr gehabt. Als Hans D. das Büro des Bereichsleiters betrat, traf er diesen zusammen mit seinem Chef an. Letzterer lächelte und merkte an, dass sich Hans D. wohl noch nicht hinreichend an die neuen, von der internationalen Situation erzwungenen, stringenteren Abläufe in der Firma gewöhnt habe. Selbstverständlich seien die im Organigramm festgelegten Abläufe einzuhalten. Anders könne man als Global Player nicht funktionieren. Der Bereichsleiter nickte, schüttelte Hans D. die Hand und erklärte, dass er leider keine Zeit habe. Er vertraue fest darauf, dass Hans D. und dessen Chef die Situation lösen werden. Irgendwie fand Hans D. eine Lösung, die so aussah, dass die Maschinen pünktlich aufgestellt waren, aber nicht funktionieren konnten, weil sie mit den Produktionswegen des Betriebes nicht kompatibel waren. Hans D. hatte sich schriftlich bestätigen lassen, dass er den Auftraggeber vorab auf die fraglichen Punkte hingewiesen hatte. Der Auftraggeber beschwerte sich trotzdem, Hans D. habe irgendetwas erwähnt, aber wenn er ihn angemessen informiert hätte, dann ... Der neue Chef wies Hans D. darauf hin, dass zufriedene Kunden die Basis des Firmenerfolges sind und er in Zukunft von ihm eine offenere Kommunikation erwarte. Als Vorgesetzter der mittleren Führungsebene, der Vorbildfunktion im Betrieb habe, müsse man das von ihm erwarten können. Bei der Bemessung seiner leistungsbezogenen Zulagen werde dies zu berücksichtigen sein.

Seit etwa einem Jahr und mehreren ähnlichen Ereignissen kann Hans D. nur noch schlecht schlafen. Er fühlt sich ständig unter Druck, angespannt und nervös. Auch die Wochenenden sind keine Erholung mehr. Er will dann nur schlafen, fährt die Kinder zu Sportveranstaltungen und hat seine Hobbys praktisch eingestellt. In seinem Kopf ist der neue Chef stets präsent, so sehr er auch versucht, an etwas anderes zu denken. Zum Joggen fühlt sich Hans D. zu erschöpft. Mit seiner Frau etwas zu unternehmen, dazu fehlt ihm die Lust. Wobei seine Frau ihm vorwirft, dass er sich überhaupt nicht mehr für sie interessiere. Die Kindererziehung müsse sie praktisch alleine machen. So habe sie sich ihr Leben nicht vorgestellt. Im Urlaub braucht Hans D. eine Woche, um gedanklich halbwegs von seinem Alltagsstress loszukommen. Und dann ist der Urlaub schon fast wieder vorbei.

Ein Wechsel der Firma, worüber Hans D. regelmäßig nachdenkt, wird nicht möglich sein: Seine Frau kann als Lehrerin das Bundesland nicht wechseln. Die Kinder haben ihre Freunde und wollen nicht umziehen. Eine Firma, in der Hans D. auf gleichem Niveau einsteigen könnte, liegt 300 km entfernt. Also: durchhalten bis zur Rente? Angesichts seines momentanen Berufsalltages kann Hans D. sich eben dies nicht vorstellen. Welche Alternativen hätte er? Dass er „Burnout“ sei, stellte eines abends seine Frau, die Lehrerin, fest.

Hans D. ist kein Einzelfall. In repräsentativen Bevölkerungsbefragungen bekunden seit Jahren immer mehr Menschen, zunehmend Stress, Leistungsdruck und hohe Verantwortung zu erleben. Zudem leiden viele unter häufigen Unterbrechungen der Arbeitsabläufe und der Notwendigkeit, gleichzeitig unterschiedliche Aufgaben bewältigen zu müssen („Multitasking“). Und das bei abnehmenden Sicherheiten, sowohl was die Arbeitsverträge als auch die soziale Situation anbelangt. Wenn ein Betrieb nicht die selbstgesetzten Planungsziele erreicht, sind Personalkürzungen meist eine der ersten Maßnahmen, die vom Management vorgeschlagen und umgesetzt werden. Je nachdem, wie man die Frage stellt, erleben sich derzeit etwa 10 bis 30 % aller berufstätigen Menschen in Deutschland als „Ausgebrannt“ bzw. als „Burnout“. Auch Karin P. gehört dazu (vgl. Kapitel 1.3.2).

1.3.2 Licht und zunehmend mehr Schatten im Leben einer Beamtin

Fallbeispiel: Karin P.

Karin P., 49 Jahre, ist als Sachbearbeiterin im Finanzamt tätig. Sie ist geschieden, hat zwei fast erwachsene Töchter und einen großen Freundeskreis. Sie weiß, dass ihre Tätigkeit in der Öffentlichkeit nicht unbedingt einen guten Ruf hat. Aber sie weiß auch, dass ohne sie der Staat nicht funktioniert. Zuverlässigkeit und Akribie sieht sie als ihre Stärken.

Keine Akte soll länger auf ihrem Schreibtisch liegen, als unbedingt nötig. Und wenn man sich in die Logik von Steuererklärungen eingedacht hat und die Fallstricke des Systems ebenso kennt wie die Kniffe und Tricks der Steuerpflichtigen bzw. deren Berater, dann kann die Tätigkeit durchaus Spaß machen. So praktizierte es Karin P. seit mehr als 12 Jahren, seitdem sie aus der Mutterschaft in die Behörde zurückgekehrt war. Sie schätzte ihre Kolleginnen, wobei ein gemeinsames Kaffeetrinken auf dem Flur als Ritual gepflegt wurde. Und mit ihrem Chef, der fachlich kompetent und gut organisiert war, kam sie gut zurecht. Mit den pubertierenden Töchtern ist es mitunter kein Vergnügen, weshalb Karin P. nicht selten und nicht ungern länger in der Dienststelle bleibt. Ihr Überstundenkonto ist entsprechend groß, wobei es praktisch keine Möglichkeiten gibt, diese abzubauen. Zumindest nicht, wenn man so denkt und handelt wie Karin P. Es gibt Urlaubs- und Krankheitsvertretungen, dann ist man selbst im Urlaub, und schon ist wieder ein Jahr um.

Vor einem Jahr wurden zwei Abteilungen zusammengelegt. Durch Pensionierung von Kollegen freiwerdende Stellen wurden nicht nachbesetzt. Die Arbeitsmenge nahm entsprechend zu. Der Chef sagte, dass er das zwar wisse und sehe, es täte ihm leid, aber auf die Einsparungsvorgaben habe er keinen Einfluss. Andere hätten auch Stress. Karin P. hatte immer sehr gewissenhaft gearbeitet. Fehler machen wollte sie auf keinen Fall. Warum? Es wäre ihr irgendwie peinlich gewesen. Das, was lange Jahre ihr Markenzeichen gewesen war, wurde in der veränderten Situation zum Problem. Sie müsse schneller werden, genauso schnell wie ihre Kolleginnen, so wurde ihr von verschiedenen Seiten vermittelt. Fehler hin, Fehler her. Was zähle, seien bearbeitete Fälle. Das werde jetzt alles von oben überwacht. Angesichts dessen sah Karin P. keine andere Möglichkeit, als noch mehr Überstunden zu machen, die sie weder bezahlt bekam noch abfeiern konnte. Das gemeinsame Kaffeetrinken gab es schon lange nicht mehr. Die Abläufe wurden optimiert. Wenn Karin P. nun abends nach Hause kam, fühlt sie sich regelrecht erschöpft und „ausgebrannt". Außer Essen und Fernsehen ging nichts mehr. Die Töchter gingen derweil ihrer Wege. Die jüngere Tochter ist in der Schule sitzengeblieben. Wie hätte Karin P. ihr helfen können? Um sich mit Freunden zu treffen, hatte sie weder Zeit noch Kraft. Sie schlief nur schwer ein, sie grübelte viel, und unbearbeitete Aktenstapel überfluteten im Traum ihren Schreibtisch. Schließlich musste Karin P. ihr schönes Büro im ersten Stock aufgeben und ins Souterrain umziehen, von wo aus sie die Füße der am Gebäude vorbeieilenden Passanten sieht. Der Umzug musste sein, wegen Renovierungsarbeiten. Dauer: unbestimmt. Eine Kollegin hat sich erfolgreich gegen das Büro im Souterrain gewehrt. Karin P. hat angesichts der neuen Situation in vier Monaten fast 8 kg an Gewicht zugenommen. Sie schläft vor dem Fernseher ein und isst zu viel Schokolade. Am Wochenende muss sie den liegengebliebenen Haushalt nacharbeiten. Die Hoffnung, jemals wieder einen Partner zu finden, hat sie aufgegeben. Zumindest ist das aktuell kein Thema.

1.4 Warum einfache Ratschläge oft nicht helfen

Ist Ihre Situation in etwa mit der von Hans D. oder Karin P. vergleichbar? Vermutlich sind Ihnen auch die guten Ideen und Ratschläge vertraut, mit denen die Familien, Freunde, Bekannten und Kollegen immer wieder versucht haben, unseren zwei Kandidaten zu helfen: Der Ingenieur Hans D. bräuchte ein dickeres Fell, er müsste stressresistenter werden und sich geschickter gegenüber seinem Chef zur Wehr setzen. Karin P. müsste weniger perfektionistisch und durchsetzungsfähiger werden und lernen, sich richtig zu entspannen. Grundsätzlich sollte man selbstbewusster werden, für seine Interessen einstehen und sich Freiräume verschaffen, in denen man Hobbys (die man ggf. noch finden müsste) pflegen und ggf. einen Partner (bzw. eine Partnerin) finden. Aber auch wenn niemand diese Tipps gegeben hätte, wer wäre nicht bereits von alleine darauf gekommen? Man braucht heute nur eine Illustrierte aufzuschlagen, Tipps gegen Stress findet man überall. Man muss nur wissen, was man wirklich will und was einem guttut, und danach sein Leben ausrichten. Wenn jeder das weiß, warum machen Hans D. oder Karin P. es nicht?

Fallbeispiel: Hans D.

Hans D. traf vor einem halben Jahr einen alten Studienfreund und berichtete ihm von seiner Situation. Der Freund nickte, das kenne er auch. So ein Burnout hätten heute viele. Hans D. solle die Sache lockerer sehen. Wie der neue Vorgesetzte mit ihm umginge, sei heute üblich. Die Halbwertszeit solcher Chefs sei glücklicherweise oft begrenzt. Hans D. müsse die Probleme mehr an sich abprallen lassen. Für Chefs gehöre es heute einfach dazu, Druck zu machen. Nach diesem Gespräch ging es Hans D. vorübergehend besser. Gut zu wissen, dass andere ähnliche Erfahrungen machten. Die Situation und Befindlichkeit von Hans D. veränderte das darüber hinaus nicht, eher im Gegenteil. Andere schaffen es, die Sache lockerer anzugehen?

Fallbeispiel: Karin P.

Auch Karin P. hatte solche Tipps bekommen und ihre rüstige Mutter meinte: *„Ich sag dir Kind, lass' das nicht mit dir machen. Du findest eine neue Stelle, du machst keine Überstunden mehr. Basta."* Es tat gut, verstanden zu werden. Aber in der Arbeit wurde es trotzdem immer schwerer.

Wie geht es Ihnen, wenn Sie solche Ratschläge bekommen?

Ratschläge haben Nebenwirkungen!

Ratschläge und Tipps dieser Art haben den Vorteil, einfach zu klingen. Letztlich ist jedem klar, dass man im Job nicht perfektionistisch und überengagiert sein muss, zumal wenn es einem niemand dankt. Wenn die Umsetzung solcher Ratschläge nicht gelingt, macht das hilflos: *„Selbst das bekommst du nicht hin!"* Angesichts von Arbeitsstress werden Tipps und vermeintlich einfache Lösungen auf diese Weise zu einem Teil des Problems, das sie lösen sollen. Anstatt der Lösung einen Schritt näher zu kommen, gewinnt man den Eindruck, dass es hoffnungslos ist.

Aber wenn es so nicht geht, wie geht es dann? Wenn ein neuer, verbindlicherer und freundlicherer Chef seinen Dienst antritt oder die Firma ihre Werte und Strukturen in positivem Sinne verändert, dann wäre viel gewonnen. Nur leider hat man üblicherweise eben darauf keinen Einfluss. Letztlich können wir vor allem unseren Umgang mit Stressoren beeinflussen. Und dass ist alles andere als einfach, sondern oftmals anstrengend und paradox. Um Entlastung zu erfahren, muss man sich oft zuerst noch anstrengen oder etwas riskieren. Die Chancen stehen jedoch gut, dass sich das lohnen wird. Der Grund dafür ist:

Jeder hat gute Gründe, sich zu überlasten, sonst würde er es nicht tun!

Einer Veränderung steht häufig im Wege, dass es gute Gründe dafür gibt, warum die aktuelle Situation so ist, wie sie ist – selbst wenn sie nicht gut ist. Und das alles hat nichts mit „Schuld“ zu tun. Gäbe es keine guten Gründe dafür, in einer Überlastungssituation zu bleiben, hätte man sich längst ein neues Arbeitsumfeld gesucht. Um aus diesem Dilemma herauszukommen bzw. angemessen damit umzugehen, muss man zunächst einmal nachvollziehen, warum und vor allem wie man bisher mit sich und den beruflichen Belastungen umgegangen ist. Die Art und Weise, wie wir mit den beruflichen Belastungen umgehen, haben wir seit vielen Jahren gelernt, erprobt und immer weiter verfeinert. Hohes Engagement bringt Anerkennung. Wer gewissenhaft arbeitet, wird von Vorgesetzten als zuverlässig anerkannt. An seinen Verhaltensgewohnheiten etwas zu verändern, bedeutet „Stress“, also genau das, was Menschen, die sich überlastet fühlen, eigentlich reduzieren wollen. Entlastung ist folglich nie billig zu haben. Daher scheinen alle Angebote so attraktiv, die genau dies versprechen. Eine Tablette gegen stressbedingten Kopfschmerz erlaubt es allen Beteiligten so weiterzumachen wie bisher, niemand muss sich ändern. Beim Blick auf die Nebenwirkungen mag man entscheiden, ob dies eine Lösung für chronische Überlastung ist.

2 Beruflicher Stress

2.1 Was Sie über Stress wissen sollten …

Alle reden vom Stress, fast alle sind im Stress. Wer nicht im Stress ist, setzt sich leicht dem Verdacht aus, man sei nicht richtig engagiert und nur mit halben Herzen bei der Arbeit. Insofern gehört Stress zum guten Ton in der Leistungsgesellschaft. Gleichzeitig ist der Wunsch nach weniger Stress regelmäßig auf dem Spitzenplatz der Wünsche der Deutschen, wenn ein neues Jahr anfängt. Zwar hat fast jeder eine intuitive Vorstellung davon, was Stress ist, aber bei genauerem Nachfragen wird es schnell schwierig, das Phänomen zu fassen. In der direkten Übersetzung bedeutet Stress zunächst Anspannung und die macht sich oft zuerst im Körper bemerkbar (zu Methoden zur körperlichen Entspannung: siehe Kapitel 3.1).

2.1.1 Woran merken Sie, dass Sie „im Stress" sind?

Welche körperlichen Symptome, welches Verhalten, welche Gedanken und Gefühle lösen berufliche Belastungssituationen („Stressoren") bei Ihnen aus? Welche Überlastungssymptome treten bei leichter, welche bei mittlerer und welche bei starker Belastung auf?

Die Frage ist nicht trivial! Es ist nicht selbstverständlich, dass der Mensch biologische, also u.a. durch Stresshormone verursachte Reaktionen, von erhöhter Muskelanspannung bis zum Blutdruckanstieg, im Alltag als Warnsignal für Überlastung wahrnimmt. Es mag Menschen geben, die diesbezüglich besonders sensibel sind. Vielen, die unter chronischem Stress leiden, fällt es hingegen oft schwer, ihre Signale von Überlastung rechtzeitig wahrzunehmen, d.h. zu einem Zeitpunkt, zu dem sich der Stress noch vergleichsweise gut entschärften ließe. Maximale Stressreaktionen merkt irgendwann jeder. Dann braucht es jedoch zumeist mehr als eine Verschnaufpause. Tabelle 1 fasst Stresssymptome von Teilnehmern eines Stressbewältigungsseminars zusammen.

Tabelle 1: Stressreaktionen als Signale von Überlastung

Im Bereich des Körpers	• häufige Kopfschmerzen • Nervosität, innere Unruhe • übermäßiges Schwitzen • trockener Mund, Schluckbeschwerden • gehäufte Verkühlungen, Infektionen, Fieberblasen • unerklärliche Ausschläge, Juckreiz, Gänsehaut • unerklärliche Allergieanfälle • häufige Blähungen • Schlaflosigkeit • Schwindel • schneller Puls und heftiges Herzklopfen • häufiger Harndrang • Atmennot, häufiges Seufzen • Rücken- und Genickschmerzen • unbeabsichtigte Gewichtsab- oder -zunahme • ständiges Schwächegefühl, schnelle Ermüdbarkeit • Sodbrennen, Brechreiz, Magenschmerzen • Durchfall oder Verstopfung • kalte und nasse Hände und Füße • Zucken der Lippe, des Augenlides oder der Hände
Im Bereich des Verhaltens	• Kommunikationsschwierigkeiten • Stottern und Stammeln • nervöses Verhalten • Zähneklappern, Zähneknirschen • Zunahme von „kleinen Unfällen" • verringerte Arbeitsleistung • hastiges Sprechen oder Nuscheln • impulsive Einkäufe • Selbstmedikation • steigender Alkohol- und Nikotinkonsum • zunehmende Unpünktlichkeit • soziale Abkehr und Isolation • sich in die Arbeit stürzen, Mangel an Planung, Übersicht oder Ordnung • vermindertes sexuelles Verlangen • schlechte Leistungen werden mit Ausreden entschuldigt • schnelles aus der Haut fahren, auch bei nichtigen Anlässen • übermäßiger Genuss (von Süßigkeiten, fetten Speisen, Alkohol, Zigaretten) oder Appetitlosigkeit

Tabelle 1: Fortsetzung

Im Bereich der Gedanken	• abwertende Selbstgespräche, z. B. „Ich schaffe das nicht", „Ich bin an allem schuld" • Konzentrationsschwierigkeiten • Vergesslichkeit, Konzeptlosigkeit • Unentschlossenheit • Alpträume • Weinkrämpfe, Suizidgedanken • Schwierigkeit, sich von negativ kreisenden Gedanken zu lösen
Im Bereich der Gefühle	• häufige Wutanfälle • Launenhaftigkeit und depressive Verstimmungen • Schuldgefühle, Schamgefühle • plötzlich ansteigende und sich wieder legende Angstgefühle • Gefühle der Überforderung • Gefühl der Einsamkeit und Wertlosigkeit • Frustration und Gereiztheit • eine skeptische Haltung, Abwehrreaktionen

Wenn Sie die Liste durchgehen, dann werden Sie merken, dass es sich um Zustände handelt, die unterschiedliche Schweregrade von Stress markieren. Zudem treten natürlich nicht bei jedem alle diese Symptome auf. Der eine reagiert mit Kopfschmerzen, der andere mit erhöhter Nervosität. Wichtig ist, seine eigenen Reaktionsneigungen unter Stress zu kennen, sensibel und achtsam genug zu sein, um sie im Alltag auch als solche registrieren zu können.

> Für die Protokollierung typischer Signale Ihres persönlichen Stresserlebens können Sie Arbeitsblatt 1 nutzen, welches Sie im Anhang finden (vgl. Seite 84).

Fragen Sie darüber hinaus Personen, die Sie gut kennen und die Ihnen nahestehen. Vielleicht stoßen Sie dabei auf Stressanzeichen, die Sie selbst so nicht bemerkt hätten, z. B. erhöhte Reizbarkeit, Rückzug von Gemeinschaftsaktivitäten, vermehrter Kaffeekonsum u. v. m.

Die Zusammenhänge zwischen auslösendem Stressor, körperlichen und psychischen Stressreaktionen gelten praktisch universell. Ihre Auswirkungen können jedoch individuell sehr unterschiedlich ausfallen. Versuchen Sie, sich bzw. Ihren Stressreaktionen auf die Spur zu kommen. Die Kenntnis eigener Warnsignale für Überlastung kann helfen, gerade solche Momente des Berufsalltags zu identifizieren, in denen die gezielte Anwendung der in Kapitel 3 dargestellten Strategien erforderlich werden kann.

2.1.2 Wie kommt es zu den Stressreaktionen?

Als „Stress" bezeichnete der Arzt und Physiologe Hans Selye (1907–1982) die Reaktion von unmittelbar vital bedrohten Individuen („allgemeines Adaptationssyndrom"). Das Phänomen tritt u.a. dann auf, wenn Ratten in kaltem Wasser um ihr Leben schwimmen oder der Urmensch vor dem Säbelzahntiger davonläuft. In beiden Fällen wird über die Wahrnehmung der Bedrohung („Angst") im Gehirn ein Mechanismus angestoßen, bei dem Stresshormone (Adrenalin und Noradrenalin, etwas später auch Cortisol) freigesetzt werden. Adrenalin bewirkt, dass das Herz schneller schlägt und sich die Blutgefäße verengen. So gelangt mehr Sauerstoff u.a. in die Muskeln. Cortisol wiederum erhöht u.a. den Blutzucker: Das bedrohte Lebewesen bekommt Energie, um zu kämpfen oder zu fliehen. Sobald die Gefahr vorüber ist, normalisiert sich die Ausschüttung dieser Hormone wieder. Ob ein Organ im Körper auf Stress mit einer Verstärkung seiner Funktionen oder einer Drosselung reagiert, lässt sich am Beispiel des Säbelzahntigers einfach ableiten. Was braucht es unmittelbar im Kampf oder auf der Flucht? Um zu überleben, müssen Augen, Herz, Lunge und Muskeln voll funktionieren, ihre Aktivität wird gesteigert. Beim Kampf um Leben oder Tod ist keine Zeit für Essen, Verdauung oder Fortpflanzung. Speicheldrüsen, Magen, Darm, Blase und Genitalorgane werden in ihrer Funktion heruntergefahren.

Bald wurde klar, dass es sinnvoll ist, den „Stressor" (in unseren Beispielen das kalte Wasser bzw. den Tiger) von der „Stressreaktion" zu unterscheiden, also dem, was im jeweiligen „Opfer" psychisch („Angst") und physiologisch („Stresshormone") geschieht. Wenn sich ein Individuum einer offenkundig lebensbedrohlichen Gefahr gegenübersieht, dann sind die Stressreaktionen sehr ähnlich. Wenn eine Bedrohung weniger unmittelbar lebensbedrohlich ist, dann sieht die Sache anders aus. Wenn mich ein Feind bedroht und ich weiß, dass mir meine wehrhaften Kameraden zur Hilfe eilen oder ich im Zweikampf absehbar der Stärkere bin, dann werden meine Stressreaktion weniger heftig ausfallen. Womit wir annäherungsweise im Berufsalltag angekommen wären. Hier geht es in der Regel nicht um das physische Überleben, sondern in aller Regel um das soziale Überleben, d.h. maximal um Arbeitsplatzverlust und Minimal um Ärger, Kränkungen und (mehr oder weniger gefühlten) Gesichtsverlust. Das wiederum ist so alltäglich, dass Sie sich daran gewöhnt haben? An genau diesem Punkt beginnt Stressbewältigung!

Was läuft hier falsch? Die Finanzbeamtin Karin P. arbeitet oft viele Stunden ohne Pause durch, solange bis sie „total unter Druck" steht und eine Pause unvermeidlich wird. Karin P. verschwimmen die Buchstaben vor den Augen, was jeweils eine kurze Pause erzwingt. Um dann schnell weiter zu arbeiten. Irgendwann zwischen Arbeitsbeginn und Feierabend summieren sich bei ihr die Belastungsfolgen soweit, dass sie auch am Feierabend und nachts nicht mehr abschalten kann. Hier stellt sich also nicht nur die Frage *wie* Entlastung möglich werden kann, sondern auch *zu welchem Zeitpunkt* gegensteuernde Maßnahmen zum Einsatz kommen sollten (vgl. Kasten).

Konzentrationsstörungen in Folge beruflicher Überlastung

Störungen der Konzentrationsfähigkeit gehören zu den häufigsten Frühwarnsignalen für berufliche Überlastung. Auch bei anhaltender Überlastung, z.B. im Rahmen einer depressiven Episode (vgl. den Kasten zu den Symptomen einer Depression auf Seite 15), sind Störungen der geistigen Leistungsfähigkeit häufig. Viele Betroffene erleben gerade Störungen der Konzentrationsfähigkeit als ausgesprochen bedrohlich, verbunden mit der Befürchtung, es könnte sich um einen fortschreitenden Verlust der geistigen Leistungsfähigkeit im Sinne einer demenziellen Entwicklung handeln.

Als Erklärung für diese Einschränkungen der Leistungsfähigkeit hat sich das Gesetz des umgekehrt U-förmigen Zusammenhangs von Aktivierung und Leistung (das sog. Yerkes-Dodsen Gesetz) bewährt. Grundlage dabei ist die Erfahrung, dass mit steigender Aktivierung die Leistungsfähigkeit zunächst kontinuierlich ansteigt (siehe Abbildung 2). Übersteigt die Aktivierung ein optimales mittleres Niveau, kommt es zu einem kontinuierlichen Leistungsabfall.

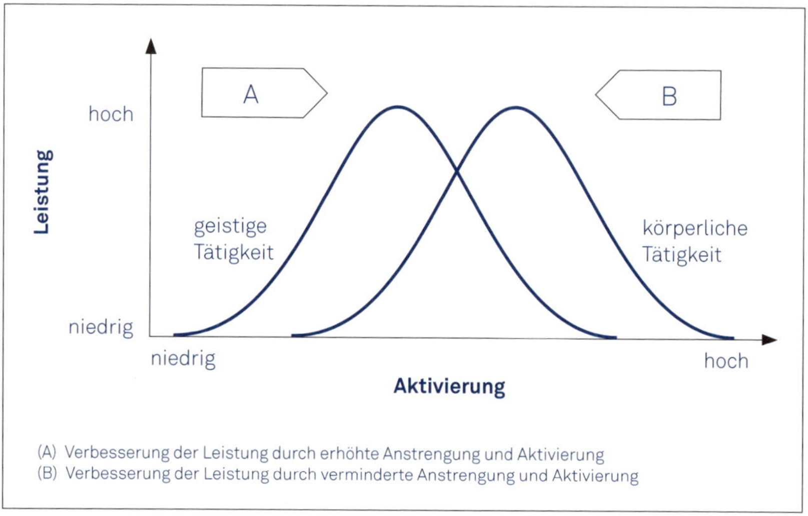

Abbildung 2: Belastungsbedingte Konzentrationsstörungen in Abhängigkeit vom Anspannungsniveau

Der nun mit steigender Aktivierung zunehmende Leistungsabfall wirkt sich bei geistiger Tätigkeit (linke Kurve) stärker aus als bei körperlicher Tätigkeit (rechte Kurve): Bei geistiger Tätigkeit liegt das optimale Aktivierungsniveau niedriger. Dies entspricht der Erfahrung vieler Betroffener, dass bei chronischer Überlastung einfache Alltagsaufgaben wie Gartenarbeit möglich sind, während bei geistigen Aufgaben wie Büroarbeit deutliche Leistungseinbußen erlebt werden. Chronische Überlastung kann sowohl eine Unteraktivierung (Erschöpfung, Übermüdung) als auch eine Überaktivierung bzw. anhaltende innere Unruhe zur Folge haben und hierüber zu Konzentrationsstörungen führen.

2.1.3 Akuter und chronischer Stress

Stress hat eine zeitliche Dimension. Mit akutem Stress kann unser Körper gut umgehen. Wenn Lebensgefahr droht, müssen wir kämpfen oder fliehen. Solche Stressoren sind im Verlauf der Zivilisationsgeschichte selten geworden. Glücklicherweise. Was heute den Berufsalltag dominiert, sind in der Regel keine lebensbedrohlichen, dafür aber häufig wiederauftretende und länger anhaltende Stressbedingungen, die die Dynamik eines Teufelskreises bzw. einer Kettenreaktion aufweisen.

Fallbeispiel: Hans D.

Weil Hans D. am Vortag so lange gearbeitet hat, beschweren sich Frau und Kinder. Um wenigstens etwas Zeit, mit ihnen verbringen zu können, geht Hans D. spät ins Bett. Zu spät, um morgens fit zu sein. Er ahnt das und denkt daran, was morgen im Büro auf ihn zukommt. Weil bereits die Erwartung von Problemen „Stress" machen bzw. als Stressor fungieren kann, kann Hans D. nicht einschlafen. Er wälzt sich im Bett und wacht immer wieder auf. Der kommende Tag wird schwer werden. Übermüdet macht sich Hans D. am Morgen zu spät auf den Weg ins Büro. Eine Ampel ist ausgefallen. PKWs stauen sich. Hans D. wird nervös, um 8.00 Uhr steht eine wichtige Besprechung an. Und dann ist sein Parkplatz besetzt. Ein Neuling hat sich auf den reservierten und bezahlten Platz gestellt. In der Eingangshalle begegnet Hans D. noch einem Kollegen, der unbedingt eine Frage stellen muss. Abgehetzt kommt Hans D. knapp vor Beginn der Besprechung in sein Büro, wo ihn schon ein neuer Schriftsatz erwartet.

Kennen Sie solche Kettenreaktionen? Sie führen dazu, dass unser Organismus nicht mehr herunterschalten kann. Zwischen den einzelnen Stressoren bleibt nicht genügend Zeit, um wieder zur Ruhe zu kommen. Probleme aus dem Privatleben und berufliche Stressoren greifen dabei ineinander. Auf einfache Art und Weise kann man dem nicht entkommen. Sollte sich Hans D. krankschreiben lassen? Kurzfristig hätte er Ruhe, mittelfristig würden absehbar die Probleme, beispielsweise auch die Konflikte in der Firma, zunehmen. Stress ist der Normalfall in unserer aktuellen Arbeitswelt. Ein Stressor folgt dem anderen. Chronischer Stress bedeutet für den Organismus eine ständige Herausforderung. Wenn Stresshormone anhaltend erhöht sind, kann dies von Mensch zu Mensch unterschiedliche, potenziell gravierende Folgen haben: Stresshormone können Puls und Blutdruck erhöhen, erhöhtes Cortisol zu erhöhtem Blutzucker (und im Extremfall zum Diabetes) führen. Dies alles zusammen ergibt dann Risikofaktoren für Bluthochdruck, Gefäßverkalkungen, Herzinfarkte, Schlaganfälle aber auch psychische Erkrankungen, vor allem Depressionen. Langfristig gesehen kommt dann irgendwann ein Punkt, an dem die Vorteile einer akuten Stressreaktion, beispielsweise Antriebssteigerung und Erhöhung der Leistungsfähigkeit, ins Gegenteil umschlagen und sich gesundheitsschädliche Risiken ergeben. In Abbildung 3 entspricht dies dem linken Pfad der Krankheitsentwicklung. Stress belastet die Gesundheit aber auch indirekt, da sich Menschen unter Stress anders verhalten. Man sorgt nicht mehr für genügend Erholung, ernährt sich ungünstig, steigert den Alkoholkonsum und lässt den Schlaf aus dem Rhythmus kommen, um nur einige Beispiele zu nennen (vgl. Abbildung 3, rechter Pfad der Krankheitsentwicklung).

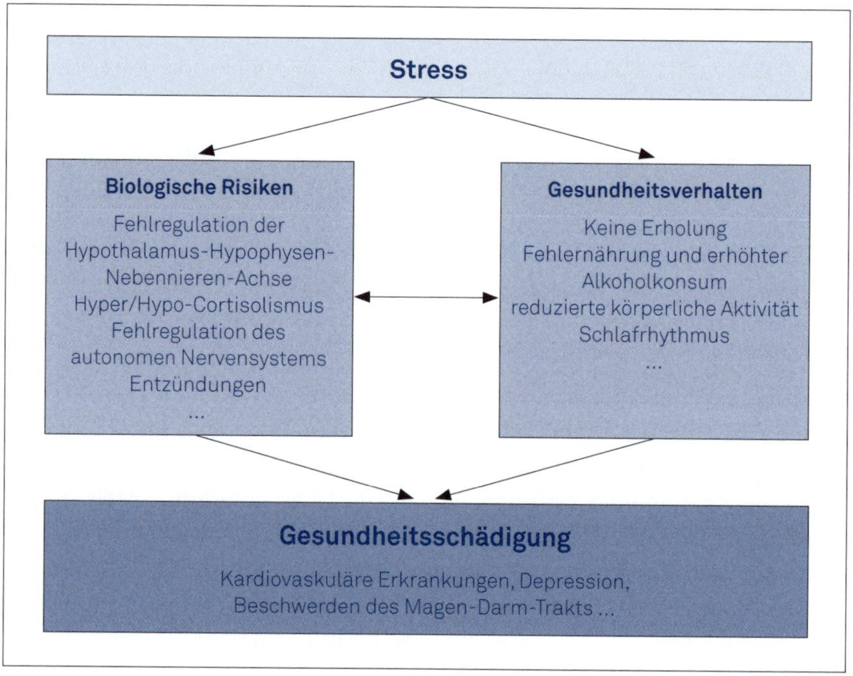

Abbildung 3: Zwei (miteinander verbundene) Wege, auf denen Stress zu seelischen und körperlichen Erkrankungen führt

Abbildung 3 zeigt zwei sich im Alltag zumeist ergänzende Wege, die beide zu Gesundheitsschäden führen können. Immer kommt es stressbedingt zu einem Verlust von Ausgleichsressourcen und Widerstandfähigkeit, Paarbeziehungen, Freundschaften und erholsamen Aktivitäten bleiben meist auf der Strecke, die Zuversicht, Probleme bewältigen zu können, geht verloren. Um aus einer solchen chronischen Entwicklung aussteigen zu können, ist es zum einen wichtig, die persönliche Neigung, sich zu verausgaben, zu reduzieren und zum anderen, Ressourcen und Widerstandfähigkeit zu stärken. Abbildung 4 macht anschaulich, dass es bei anhaltendem Stress langfristig zu einem Nachlassen der Widerstandskraft bzw. der Ressourcen kommen kann. Wenn diese den Belastungen nicht mehr standhalten, kommt es u. a. zu einem dauerhaften Anstieg oder Abfall von bestimmten Stresshormonen (z. B. Cortisol), was wiederum Gesundheitsschäden zur Folge haben kann.

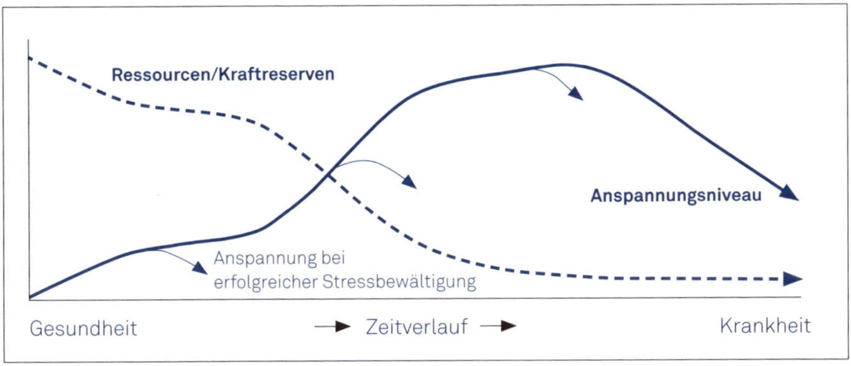

Abbildung 4: Vom akuten zum chronischen Stress

2.2 Beruflicher Stress: Eine Frage der Balance

Was erklärt nun die Entstehung und Aufrechterhaltung von chronischem beruflichem Stress? Der Medizinsoziologe Johannes Siegrist hat auf diese Frage eine verblüffend einfache Antwort gefunden. Das von ihm entwickelte Modell der *beruflichen Gratifikationskrise* (Siegrist, 2015) ermöglicht es, die eigene Stresssituation zu verstehen und Ansatzunkte für Entlastung abzuleiten. Beruflicher Stress kann demnach als ein Ungleichgewicht zwischen den mit der Arbeit einhergehenden Belastungen und den dafür erhaltenen „Gratifikationen" verstanden werden. Auf der einen Seite der Waage stehen all die Dinge, die dazu beitragen, dass sich ein Berufstätiger für seine Arbeit engagiert, seine Kraft investiert und sich verausgabt. Auf der anderen Seite steht alles Positive, das man für sein Engagement erhält. Steht beides langfristig nicht im Gleichgewicht und überwiegt die Verausgabung, dann entsteht Stress („Anstrengungs-Belohnungs-Ungleichgewicht").

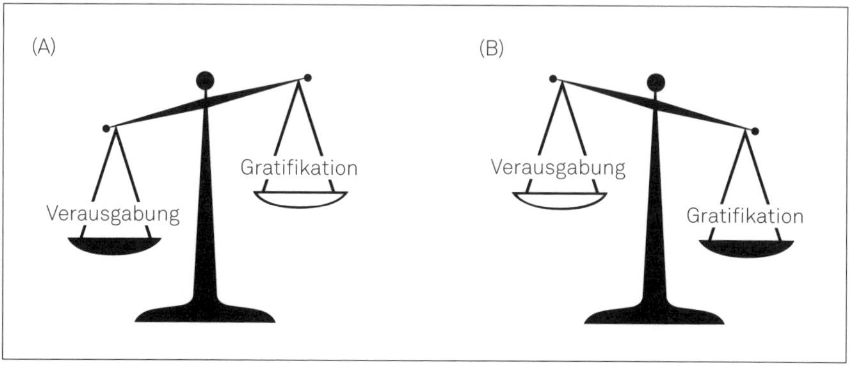

Abbildung 5: Das Stressmodell der beruflichen Gratifikationskrise. (A) Die Verausgabung für den Beruf ist stärker, als das Positive, das im Gegenzug durch die Arbeit zurückkommt. Es besteht eine In-Balance, d. h. schädlicher beruflicher Stress. (B) Eine gesundheitsförderliche Situation liegt vor, da die Gratifikationen überwiegen, z. B. in Form Arbeitsplatzsicherheit, Anerkennung durch andere oder Selbstwertschätzung für das Erreichte.

Auf diese Weise lassen sich auch die folgenden Alltagssituationen erklären:

- Gibt es Kollegen, die mehr arbeiten als Sie und trotzdem nicht überlastet wirken? Wie ist das möglich? Nicht nur die Verausgabung ist größer, sondern auch das Ausmaß der Gratifikation.
- Umgekehrt: Es gibt Menschen, die sich kaum für ihre Arbeit engagieren und dennoch hohen Stress erleben. Hier könnte das Positive so gering sein, dass es selbst eine geringe Verausgabung nicht aufwiegt.
- Der Rat, sich weniger in der Arbeit zu engagieren, um weniger gestresst zu sein, kann somit auch zum Gegenteil führen, nämlich dann, wenn ein reduziertes Engagement noch weniger Erfolgserlebnisse bzw. Gratifikationen zur Folge hat. Mehr Erfolgserlebnisse können ein Mittel zur Stressreduktion sein, wofür das Maß der Verausgabung nicht unbedingt erhöht werden muss.

Wenn man das Balance-Modell zum beruflichen Stress in seiner Tragweite voll und ganz verstehen will, dann kann man – mit einem Augenzwinkern – überlegen, was man tun müsste, damit ein Mitarbeiter bzw. man selber ganz intensiv unter Stress gerät. Im folgenden Kasten finden Sie eine solche „Anleitung zur In-Balance“, also absolut sichere Schritte, wie man intensiv unter Druck geraten und absehbar krank werden kann.

Nicht genug Stress? Eine Anleitung zur In-Balance!

Steigere die Verausgabung! Zunächst, als erste Strategie und in der Rolle eines Arbeitgebers, müssen Sie alles tun, um die Verausgabung zu steigern. Dazu hat es sich bewährt, die Anzahl der Stellen zu kürzen und von den verbleibenden Kollegen dieselbe Arbeitsleistung einzufordern. Planen Sie keinen Personalpuffer dafür ein, dass arbeitende Menschen krank werden, in Elternzeit gehen, Urlaub machen oder die in den Vertretungen angehäuften Überstunden wieder abbauen müssen. Fordern Sie längere Arbeitszeiten und kürzen Sie dafür die Erholungszeiten. Überraschen Sie die Mitarbeiter durch immer neue, spontane und superwichtige Zusatzprojekte. Das ist ein wirksames Mittel, um Zeitdruck zu erhöhen. Viel zu oft wird die Wirkung sogenannter „Kleinigkeiten im Alltag" unterschätzt, die Mitarbeiter mal eben kurz erledigen sollen. Streuen Sie immer wieder solche Kleinigkeiten ein, damit niemand in einen gesunden Arbeitsfluss kommt! Geben Sie zudem Mitarbeitern viel Verantwortung und vereinbaren Sie mit ihnen möglichst hohe Ziele. Mitarbeiter wollen ernst genommen werden. Gleichzeitig sollte niemanden die Ressourcen erhalten, die er braucht, um seiner Verantwortung gerecht werden zu können. Vertrauen ist gut, Kontrolle besser. Mündige, qualifizierte Mitarbeiter sind selber dafür verantwortlich, wie sie ihre Arbeit erledigen.

Reduziere die Gratifikationen! Wenn dies nicht reichen sollte, die Gratifikations-Waage dieser Kollegen ins Ungleichgewicht zu kippen, dann haben Sie die folgende zweite Strategie parat. Die zweite In-Balance-Strategie besteht darin, dass Positive auf der rechten Seite der Waage zu reduzieren, systematisch-innovativ und programmatisch-konsequent. Einfach und wirkungsvoll ist es, niedrige Gehälter zu zahlen. Stellen Sie keine Aufstiegsmöglichkeiten in Aussicht. Vage Hoffnungen auf berufliches Fortkommen sorgen dafür, dass Mitarbeiter bei der Stange bleiben. Die Hoffnung stirbt zuletzt. Aber lassen Sie sich unter keinen Umständen festlegen. Überhaupt, reduzieren Sie Planbarkeit und Sicherheit. Ideal dazu sind befristete Verträge. Geben Sie frühestens am 31. des Monats Bescheid, ob es am nächsten 1. mit dem Vertrag weitergeht. Wenn Mitarbeiter um Unterstützung bitten, dann gewähren Sie diese gnädig, wobei Sie freundlich anmerken, dass alle anderen Kollegen leistungsstark genug sind, solche Probleme alleine zu lösen. Mit Anerkennung und Wertschätzung zu geizen, ist ein untrügliches Zeichen starker Führung. Wenn schon gelobt werden muss, dann ausschließlich für erreichte Ziele, niemals für die Arbeit und die Anstrengungen, die die Mitarbeiter in die Projekte gesteckt haben. Aber besser gar nicht loben. Nicht geschimpft, ist bekanntlich Lob genug.

Sie haben Recht! Der Nachteil dieser Strategien ist, dass man dazu böse Vorgesetzte, mobbende Kollegen und nervige Kunden, also widrige äußere Umstände braucht.

Nimm es selbst in die Hand! Keine Sorge, selbst wenn der Chef total nett und die Kollegen wahre Freunde sind, lässt sich fundamentale In-Balance problemlos selber herstellen. Das wäre dann die dritte ultimative Strategie. Zeitdruck und enge Deadline? Solchen Druck bekommt man selbst hin, indem man sich selbst nur mit den allerbesten Ergebnissen zufriedengibt. Wer sich mit suboptimalen Leistungen begnügt, ist kein würdiges Mitglied der Leistungsgesellschaft. Antreiben können wir uns selber, dazu brauchen wir keinen Chef. Die Arbeit geht Ihnen einfach gut von der Hand? Dann haben Sie versäumt, Ihren Arbeitsfluss zu unterbrechen. Ein wenig in die sozialen Medien abtauchen, nach günstigen Angeboten im Netz stöbern, lustige Bilder vom Vortag verschicken – und schon will die Arbeit einfach nicht mehr fließen. Zu wenig Personal und zu hohe Ziele? Das können Sie potenzieren, wenn Sie alle Aufgaben und Ziele klaglos und fröhlich übernehmen. Niemand sollte auf die Idee kommen, dass etwas zu viel und zu schwer ist! Wenn Sie Erholung nötig hätten, behalten Sie es für sich. Wirkliche Leistungsträger brauchen keine Erholung, sondern Erfolge. Ausruhen können Sie sich, wenn Sie in der Rente sind. Und Chefs sollten wissen, dass man ständig zu erreichen ist. Bearbeiten Sie Mails vorzugsweise am Feierabend, am Wochenende und im Urlaub, damit machen Sie einen guten Eindruck. Eigenlob stinkt! Seien Sie niemals zufrieden mit Ihrer Arbeit. Es gibt nichts, was sich nicht besser machen ließe. Nur Leistungsschwache haben es nötig, sich innerlich selber auf die Schulter zu klopfen. Und falls jemand anderes Sie loben sollte, dann ist Misstrauen angebracht! Niemand lobt andere ohne Hintergedanken! Man will Sie manipulieren, ausnutzen, ausspielen ... Reagieren Sie abweisend, dann werden auch wohlwollende Vorgesetzte keine Lobanfälle mehr produzieren. Ergänzend sollten Sie es vermeiden, aktiv irgendetwas zu einer wertschätzenden Arbeitsatmosphäre beizutragen. Sie könnten andere mit Gratifikationen infizieren. Stattdessen achten und kommunizieren Sie ausschließlich über „Probleme". Die letzten Spuren von Gratifikation lösen sich in Luft aus, wenn im Kollegenkreis ausschließlich darüber gesprochen wird, dass früher alles besser war, dass es seit geraumer Zeit immer schlechter geworden ist, es aktuell ganz besonders schlecht ist und sich daran in Zukunft sicher nichts ändern wird.

In den folgenden Abschnitten wollen wir uns die Bereiche, die auf die Balance Einfluss nehmen, genauer ansehen: Äußere Umstände, die (1) zu Verausgabung führen oder (2) einen guten Arbeitsplatz ausmachen, sowie persönliche

Faktoren, die (3) in die Verausgabung treiben oder (4) die Selbstfürsorge stärken und dazu führen, sich mit Gutem zu versorgen.

Abbildung 6: Einflussfaktoren auf die Gratifikationsbalance

2.2.1 Verausgabung erfordernde Arbeitsbedingungen

Ein nur auf kurzfristige Gewinnmaximierung abzielender Vorstand, der sich vom Auftreten gewisser Manager imponieren lässt und für den Fachwissen nicht mehr zählt.

Hans D.

Äußere Einflüsse dieser Art werden Stressoren genannt. Dazu zählen Arbeitsplatzunsicherheit, schlechte Organisation von Arbeitsabläufen, häufige Arbeitsunterbrechungen, eine erhebliche Verdichtung von Arbeit, steigende Ansprüche an die Qualität der Arbeit bei mangelhaften Ressourcen (z.B. schlechte technische Ausstattung), ungünstig gestaltete Schichtarbeit, überlange Arbeitszeiten, fehlende Erholungsmöglichkeiten, Monotonie oder Lärm. Belastungen im zwischenmenschlichen Bereich stellen besonders intensivere Stressoren dar: wenn z.B. am Arbeitsplatz nur minimale Kontaktmöglichkeiten bestehen, ein missgünstiges oder gar feindseliges Klima im Team vorhanden ist oder wenn es zu öffentlichen Demütigungen durch Kunden, Kollegen oder Vorgesetzte kommt. Diesen Punkten ist gemeinsam, dass es nicht die Arbeit als solche ist, die Stress auslöst. Es sind vielmehr widrige Bedingungen und Hindernisse, die zusätzliche Anstrengung erzwingen, um die Arbeitsziele trotzdem erreichen zu können. Auch einschneidende Veränderungen von Arbeitsabläufen können eine Verausgabung erfordern, da sich der Betroffene umstellen und anpassen muss. Das Ausmaß dieser Anpassungsleistung entspricht der Stärke des Stressors. Wichtig ist, dass „positive" und „negative" Veränderungen Stressoren sein können. Auch eine Beförderung kann einen Stressor darstellen, ähnlich wie ein Arbeitsplatzwechsel oder wie Umstrukturierungsmaßnahmen. Schließlich kann eine ausschließlich am Erreichen von bestimmten Zielen gemessene Aufgabe in die Überforderung führen, wenn dafür nicht genügend Ressourcen bereitgestellt werden: Zielvereinbarung ohne Ressourcenvereinbarung und gemeinsame Verantwortung für die Zielerreichung bilden so gesehen eine Bedrohung für die Gesundheit der betroffenen Mitarbeiter. Ebenso ungünstig sind Arbeitsbedingungen, in denen Ziele nur vage festgelegt sind, da selbst bei größter Verausgabung unklare Ziele eine Zielerreichung und damit Erfolgserlebnisse verhindern. Schließlich trägt ein Arbeitsumfeld zur Verausgabung bei, in dem Erholungszeiten durch ausgesprochene oder unausgesprochene Erwartungen an eine ständige Erreichbarkeit nicht möglich sind.

2.2.2 Was macht gute Arbeitsplätze aus?

Diese Frage kann ein Blick auf die Gratifikationen, d. h. die rechte Seite der Waagschale, beantworten:

> *Für mich ist es die größte Belohnung, ein technisches Problem zu lösen. Wenn ich eine Lösung gefunden habe, die gut funktioniert ... ist das für mich gute Arbeit!*
>
> Hans D.

> *Wenn ich Dankbarkeit in den Augen meiner Patienten sehe und Angehörige mir z. B. zu den Feiertagen auch mal direkt ihren Dank aussprechen. Das ist für mich das Schönste. Das kann vieles aufwiegen.*
>
> eine Pflegekraft

Gratifikationen befriedigen grundlegende Bedürfnisse nach einem sicheren Lebensunterhalt, einem festen Arbeitsplatz, einer angemessenen, gerechten Bezahlung und nach Anerkennung (zum Thema gesundheitsförderlicher

Funktionen der Arbeit siehe Kapitel 3.2). Eine faire Gestaltung des Arbeitsplatzes beinhaltet neben der fairen Verteilung von Erfolgen, den Einbezug in Entscheidungsprozesse, den Zugang zu Informationen und einen respektvollen Kommunikationsstil durch Vorgesetze und Unternehmensleitung. Ebenso haben Arbeitsplätze ein starkes positives Gewicht, die dem einzelnen eine der Aufgabe angemessene Entscheidungs- und Gestaltungsfreiheit einräumen. Dazu gehören auch klare Perspektiven für die berufliche Weiterentwicklung. Eine Unternehmenskultur, die dazu beiträgt, dass sich Beschäftigte gegenseitig unterstützen, ist von zentraler Bedeutung. Voraussetzung sind Rahmenbedingungen, in denen Beschäftigte zusammenarbeiten, zwischenmenschliche Beziehungen aufbauen und pflegen können. Über einen fairen Kommunikationsstil hinaus wiegen Anerkennung und Wertschätzung für die geleistete Arbeit durch Vorgesetzte und Kollegen schwer und haben das Potenzial viel Verausgabung „aufzuwiegen" (siehe Kapitel 3.6 zum Thema berufliche Selbstwertschätzung).

Ich erinnere mich noch gut an die Zeit, als für mich die Balance gepasst hat. Als ich neu in die Firma kam und auch noch ein wirklich kollegiales Verhältnis untereinander wie auch Wertschätzung durch den alten Chef stattfanden. Der kannte sich auch fachlich aus. Gerade in den ersten Jahren habe ich sehr viel dazulernen können.

Hans D.

Gemeinsam ist allen bisher genannten Einflussfaktoren, dass es sich um Merkmale der Arbeitsumgebung handelt, die vom Einzelnen nicht so ohne Weiteres beeinflusst oder verändert werden können.

Wie sieht Ihre Balance zwischen Verausgabung und Gratifikationen aus? Führen Sie dazu die folgende praktische Übung durch:

> Mithilfe des Arbeitsblattes 2 im Anhang (vgl. Seite 85) können Sie herausfinden, wie es um Ihre persönliche Gratifikationsbalance bestellt ist:
> - Schreiben Sie zunächst die wichtigsten Anforderungen in Ihrer Arbeit auf, die Ihre *Verausgabung* erfordert.
> - Versuchen Sie danach, die Perspektive auf das Positive zu richten. Schreiben Sie nun alle belohnenden Aspekte Ihrer Arbeit *(Gratifikationen)* auf, die auf die positive Seite der Waagschale gehören.

Ergänzend können Sie einen guten Kollegen bitten, die Merkmale Ihrer Arbeitssituation so zu beschreiben, wie er sie wahrnimmt. Anschließend bringen Sie Ihre persönliche Gewichtung ein, indem Sie alle genannten Punkte bewerten, beispielsweise, indem Sie ihnen zwischen 1 und 10 „Verausgabungs-“ bzw. „Gratifikationskilos“ zuweisen.

Addieren Sie nun die Gewichte Ihrer beiden Waagschalen und lassen Sie Ihre persönliche Gratifkationsbalance nun auf sich wirken. Stehen Verausgabung und Gratifikation bei Ihnen im Gleichgewicht? Besteht ein Ungleichgewicht und wie ausgeprägt ist das?

Merke

Es gibt letztlich nur drei Strategien, um mit schwierigen Situationen umzugehen: verändern, akzeptieren oder den Arbeitsplatz verlassen bzw. wechseln.

Diese drei Strategien werden in Kapitel 3.2 diskutiert.

Stress haben wir bislang als Merkmal des Arbeitsumfeldes betrachtet. Es gibt jedoch weitere Möglichkeiten, auf die Balance von Verausgabung und Gratifikationen selbst Einfluss zu nehmen.

2.2.3 Die persönliche Verausgabungsneigung

Berufstätige unterscheiden sich im Ausmaß ihres Engagements für die Arbeit. Eine übersteigerte Bereitschaft, sich zu verausgaben, kann die Waage aus der Balance bringen. Dabei gibt es viele und gute Gründe, sich für Berufliches zu engagieren, auch über ein gesundheitlich sinnvolles Maß hinaus. Der unbedingte Wunsch, Dinge gut zu machen, erfolgreich zu sein und von anderen gemocht oder anerkannt zu sein, können zur Verausgabung antreiben. Aber auch Ängste vor dem Verlust der Arbeit oder sich vor Fehlern, Kritik und Misserfolgen schützen zu wollen, können gute und nachvollziehbare Gründe sein, sich übermäßig zu verausgaben. Ebenso treibt ein mangelndes Zutrauen in die eigenen Fähigkeiten, mit Unvorhergesehenen, spontanen Herausforderungen oder Veränderungen zurechtzukommen, dazu, sich immer maximal vorzubereiten und damit in eine pausenlose Verausgabung zu kommen. Die Angst, etwas zu verpassen oder dass andere schneller sein könnten, drängt ebenfalls dazu, sich ständig auf dem Laufenden zu halten und immer erreichbar zu sein. Offline zu sein, abzuschalten und sich gedanklich von der Arbeit zu distanzieren, wird dann zu etwas Bedrohlichem. Aus all dem wird deutlich, dass persönliche Werte, Einstellungen, Gedanken und Bewertungen bei der Verausgabung eine wichtige Rolle spielen können. In Kapitel 3.3 werden wir uns intensiver mit stressverschärfenden Gedanken beschäftigen, die zu überstarker Verausgabung führen können.

Einstellungen und gedankliche Bewertungen sind auch im Zusammenhang mit Faktoren bedeutsam, die den äußeren Arbeitsbedingungen zugeordnet wurden, z. B. der Zeitdruck oder eine schlechte technische Ausstattung. Diese entfalten eine doppelte Wirkung, wenn sie als vermeidbar, nicht gerechtfertigt oder fahrlässig herbeigeführt wahrgenommen und damit als Ausdruck mangelnder Wertschätzung bewertet werden. Auch können Arbeitsaufgaben (z. B. Dokumentationspflichten) als unterschiedlich belastend angesehen werden, je nachdem ob sie als notwendiger und legitimer Bestandteil der jeweiligen Berufsrolle oder als Zumutung angesehen werden. In diesen Fällen sind es nicht die Aufgaben an sich, die ein Ungleichgewicht erzeugen, sondern die eigene Sicht auf die Aufgaben, die zur In-Balance beitragen. Es zu vermeiden, Prioritäten zu setzen und sich bewusst dafür zu entscheiden, was im eigenen Leben wirklich wichtig ist, führt ebenfalls dazu, zu vielem gleichzeitig gerecht werden zu wollen und über die eigenen Kräfte hinauszugehen. Sich für eine Stunde Erholung zu entscheiden, heißt, diese Stunde an anderer Stelle zu kürzen. Die einfache Wahrheit, dass die Woche nur 168 Stunden hat, gerät dann leicht in Vergessenheit.

2.2.4 Selbstfürsorge und Selbstwertschätzung

Etwas fertigzustellen, abzuschließen und geschafft zu haben, kann sehr befriedigend sein und für zuvor geleistete Anstrengungen entschädigen. Sich mit Erfolgserlebnissen zu versorgen, ist ein sehr wirksames Mittel, um die Waage in eine günstige Richtung zu kippen. Erfolgserlebnisse beinhalten das Erreichen von Zielen und werden umso wertvoller, je höher die Hindernisse waren, die überwunden werden mussten. Dabei wird Erfolg umso wahrscheinlicher, je realistischer und konkreter die Ziele sind, die gesteckt werden. Erfolgserlebnisse haben oft etwas damit zu tun, dass man die Möglichkeit hat, eigene Ziele und Ideen verfolgen zu können. Erfolgserlebnisse können darin bestehen, einen positiven Beitrag zur Verbesserung der Situation anderer geleistet zu haben. Die positive Rückmeldung und Anerkennung guter Arbeit erleichtert es, die eigenen Erfolge selbst zu sehen und wertschätzen zu können. Was als Erfolg erlebt wird, hängt von den persönlichen Maßstäben ab. Manchmal besteht das Erfolgserlebnis darin, etwas gemacht und ausprobiert zu haben, ganz unabhängig davon, wie die Sache ausgegangen ist. Erfolgserlebnisse sind mit positiven Gefühlen verbunden. Positive Gefühle erleichtern es uns wiederum, die eigenen Fähigkeiten weiterzuentwickeln und Neues hinzuzulernen.

Wer dazu neigt, sich überstark zu verausgaben, ist permanent getrieben und beschäftigt, eine denkbar ungünstige Voraussetzung, Erfolge wahrnehmen zu können. Dazu braucht es immer wieder einen ruhigen Moment und den Entschluss, nach Positivem Ausschau zu halten. Diese Aufmerksamkeit will trainiert sein. *„Positive Work-Reflection“* bedeutet, sich immer wieder bewusst Zeit zu nehmen, um über das Gelungene auf der Arbeit nachzudenken und es auf sich wirken zu lassen. Damit sich die positive Wirkung entfalten kann, ist es hilfreich, die Fähigkeit zu trainieren, im Hier und Jetzt sein zu können. Ähnlich verhält es sich mit einem Dankbarkeitstagebuch. Am Ende eines Tages oder einer Woche alles bewusst auf sich wirken zu lassen, für das man dankbar ist, hilft, sich von den beruflichen Problemen gedanklich zu lösen und Abstand gegenüber Unfertigem zu gewinnen.

Auf das Erreichte und nicht nur auf das Unfertige zu blicken, kann es auch erleichtern, sich Pausen und Erholung zu gönnen. Wie die eigene Erholungswelt gepflegt werden kann, ist Inhalt von Kapitel 3.4. Ist es gelungen, Erfolge wahrzunehmen, gilt es, diese auch positiv zu bewerten und so mit ihnen umzugehen, dass sie zur Stärkung des Selbstwertes beitragen. Dazu werden in Kapitel 3.6 verschiedene Wege der beruflichen Selbstwertschätzung vorgestellt. Abbildung 7 fasst aus dem Gratifikationsmodell ableitbare persönliche Entlastungsmöglichkeiten (vgl. Kapitel 3) zusammen.

Beim Blick auf die Abbildung 7 fällt auf, dass die Mehrzahl der Entlastungsmöglichkeiten in der unteren Hälfte angesiedelt ist, also im Bereich, den im Prinzip jeder von uns selbst beeinflussen kann. Natürlich gibt es viele weitere Entlastungsmöglichkeiten in der oberen Hälfte des Gratifikationsmodells.

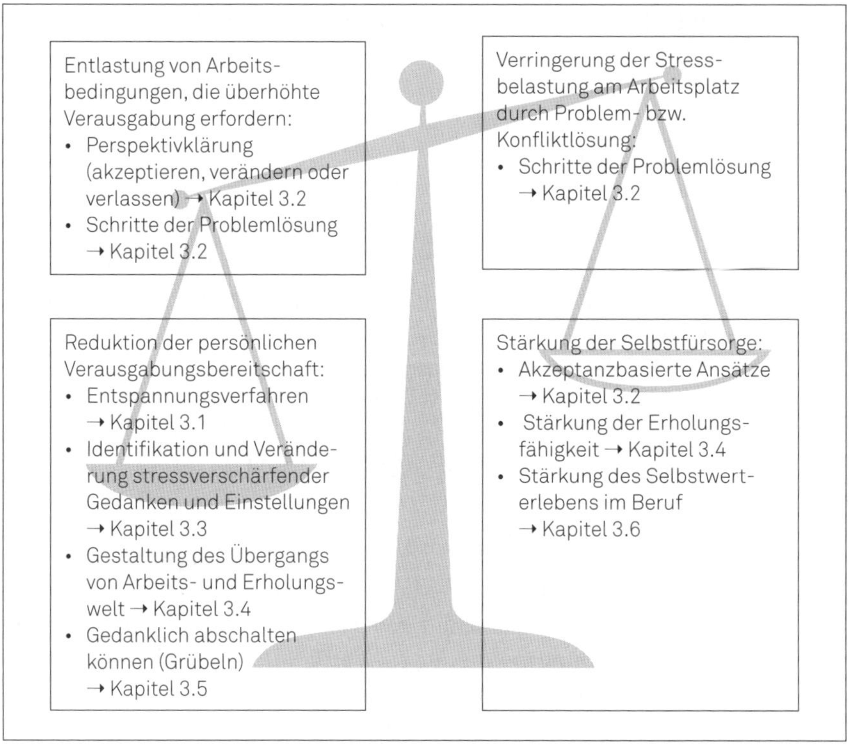

Abbildung 7: Entlastungsstrategien auf Basis des Modells der beruflichen Gratifikationskrise

Diese werden von verantwortlichen Führungskräften und letztlich den Unternehmen gestaltet und verantwortet. Dass diese Aspekte oft nicht im Sinne der Mitarbeitergesundheit gehandhabt werden, ist offenkundig (z. B. durch gravierenden Stellenabbau, um Gewinne zu maximieren), was dringend einer intensiven Diskussion in Firmen und Gesellschaft bedarf.

3 Beruflichen Stress effektiv reduzieren

3.1 Entspannung

Fragen zum Einstieg

- Gelingt es Ihnen, in beruflichen Stresssituationen Ruhe zu bewahren, Spannung abzubauen und konzentriert weiterzuarbeiten?
- Wenn nein – gab es Zeiten, in denen Ihnen dies gut gelungen ist? Wie haben Sie damals entspannen können? Was machte den Unterschied zu heute aus?
- Haben Sie Erfahrungen mit Entspannungsverfahren?

Bislang haben wir Stress als einen Zustand der Anspannung kennengelernt. Diese Anspannung ist oft zuerst körperlich spürbar, weshalb wir uns zunächst mit körperlicher Entspannung beschäftigen. Hierzu stehen mehrere bewährte und wirksame Entspannungsmethoden zur Verfügung. Diese sind vergleichsweise einfach zu erlernen. Körperliche Entspannung ist zudem eine gute Basis, um sich schwierigen Themen wie der Klärung von Zukunftsperspektiven oder dem Umgang mit eigenen stressverschärfenden Gedanken zuwenden zu können.

Entspannungstrainings gehören, was Strategien gegen chronischen beruflichen Stress anbelangt, zu den „Klassikern". Sie sind erfreulicherweise weit verbreitet. Nahezu jede Volkshochschule, viele Betriebe im Rahmen des betrieblichen Gesundheitsmanagements und viele Trainer und Therapeuten bietet Kurse hierzu an: *Yoga*, *Autogenes Training (AT)*, *Progressive Muskelentspannung (PME)* bis hin zu achtsamkeitsbasierten Verfahren, wie z.B. der *Mindfulness Based Stress Reduction (MBSR)*. Es kann nützlich sein, zu wissen, wie diese Verfahren funktionieren. Viel besser ist es, praktische Erfahrungen zu machen. Hilfreich sind sie dann, wenn man sie im Alltag regelmäßig einsetzt.

Eine ausführliche Darstellung der genannten Verfahren würde den Rahmen dieses Bandes übersteigen. Wichtiger als die mitunter dogmatisch vertretenen Unterschiede sind die gemeinsamen Wirkprinzipien und die Frage, wie eine Integration in den Berufsalltag gelingt. Alle Entspannungsverfahren werden mithilfe eines Trainers, anhand eines Buches oder auch mithilfe von Audioträgern in mehreren Wochen und vor allem durch regelmäßiges Üben erlernt.

Die Suche nach Entspannung beschäftigt den Menschen seit jeher. Dabei sind Entspannungstechniken mehr als Werkzeuge, um Entspannung herzustellen. Es geht idealerweise auch um eine Form der gedanklichen Distanzierung von Belastungen und der Förderung innerer Autonomie gegenüber äußeren Anforderungen. Wenn hier die Frage nach Wert- und Sinnorientierung ausgeklammert wird, besteht die Gefahr, dass Entspannungstechniken die Eskalation im Verdrängungswettbewerb der Leistungsgesellschaft vorantreiben: *„Ich muss mich entspannen, um meine Leistungsfähigkeit weiter zu steigern.“* Bezogen auf die Gratifikationswaage bildet die Fähigkeit, zu entspannen, zumindest eine Art Puffer gegenüber Belastungen und sie kann idealerweise eine Form der Selbstbelohnung sein.

Die Wirksamkeit aller hier aufgeführten Verfahren auf die Entspannungsfähigkeit, die Belastung durch Stresssymptome und Lebensqualität ist wissenschaftlich gut belegt. Dabei hat sich keines der beschriebenen Verfahren als überlegen erwiesen. Entscheidend ist, dass das praktizierte Verfahren zu einem passt. PME gilt als vergleichsweise einfach zu erlernen, gerade von Menschen, die keine Vorerfahrungen mit Entspannungstechniken haben. Demgegenüber beinhalten achtsamkeitsbasierte Ansätze in der Regel auch zentrale Fragen der Wertorientierung – was sie in einer diesbezüglich entwurzelten Gegenwart besonders attraktiv macht. Erfahrungen mit einem oder mehreren dieser Verfahren und diesbezügliche Kompetenzen dürften zukünftig zum unabdingbaren „Handwerkszeug“ im Berufsleben gehören. Es geht keineswegs darum, einzelne Verfahren nach Lehrbuch zu exerzieren, auf einer weichen Matte in einem Ruheraum, sondern persönlich als wirksam erlebte Elemente in den Alltag zu integrieren. Beispielsweise ein Anspannen beider Arme als Kurzform der PME vor Beginn einer Konferenz, eine Aufmerksamkeitsübung oder das bewusste Erleben der Atmosphäre im Raum vor der Bearbeitung von Akten. Auszuprobieren, zu experimentieren und aufbauend darauf bewusster und ein Stück entspannter zu leben, das liegt aktuell nicht nur im Trend, es ist die Grundlage für Stressreduktion und eine bessere Lebensqualität!

3.2 Perspektivklärung: Akzeptieren, verändern oder verlassen?

Fragen zum Einstieg

Wenn Sie Belastungen und Vorteile Ihrer aktuellen Tätigkeit einander gegenüberstellen: Wie sieht die Bilanz im Sinne des Gratifikationsgleichgewichtes aus?

3.2.1 Eine Entscheidung treffen

Wenn Verausgabung und Gratifikationen im Ungleichgewicht sind, gibt es drei Alternativen: (1) akzeptieren („love it"), (2) verändern („change it") oder (3) verlassen („leave it"). Menschen, die unter chronischem beruflichem Stress leiden, stehen oft zunächst einmal irgendwo zwischen diesen drei Optionen. Keine scheint wirklich angemessen oder realisierbar zu sein. Aber ein Verharren in der belastenden Konstellation ist langfristig das Schlechteste, was man tun kann. Wer die Möglichkeiten wieder und wieder gegeneinander abwägt, ohne sich für einen der drei oben genannten Wege zu entscheiden, der kommt immer schwerer aus der Sackgasse aus Ambivalenz und Unentschlossenheit heraus. Oft erlebt man sich dann als Opfer der jeweiligen Situation bzw. der beteiligten Personen, wie z. B. des verständnislosen Vorgesetzten, des unsolidarischen Kollegen oder eines unangemessene Forderungen stellenden Kunden.

Fallbeispiele: Hans D. und Karin P.

Eben dies charakterisiert die Situationen des Ingenieurs Hans D. Er kann die Stelle nicht wechseln, schon wegen der Familie. Sich mit seinem Chef aussöhnen: unvorstellbar. Auch die Finanzbeamtin Karin P. hat praktisch keine Wahl, den Arbeitgeber zu wechseln. Beamte kündigen nicht, sie würden alle mit dem Beamtenstatus verbundenen Sicherheiten aufgeben. Wenn, dann käme die Frühpension infrage. Aber dann reicht das Geld nicht, sie hat zwei Töchter zu versorgen. Andererseits fühlt sie sich viel zu erschöpft, um Bestätigung außerhalb des Berufes zu suchen. Weniger gewissenhaft zu arbeiten und das Büro im Keller zu akzeptieren, erscheint ihr ebenso unvorstellbar.

Zwickmühlen, wohin man sieht. Sobald Hans D. daran denkt, zu kündigen, werden die Vorteile seiner Stelle deutlich. Und umgekehrt. Wer weiß, ob etwas Besseres nachkommt?

Um aus einer solchen Ambivalenz herauszukommen, ist Klarheit über die positiven und negativen Aspekte der aktuellen beruflichen Situation wichtig. Die folgende Übung dient dazu, die Voraussetzungen für eine solche Richtungsentscheidung zu schaffen.

So einfach die Aufgabe aussehen mag, das Ergebnis ist in der Regel in mehrfacher Hinsicht aufschlussreich. Viele Berufstätige verfolgen ausgesprochen idealistische, d.h. sehr hohe und zugleich wenig konkrete Zielvorstellungen. Die können sich z.B. auf ihre Tätigkeit selbst als auch auf das soziale Miteinander bei der Arbeit beziehen. Für Hans D. stand bislang der Erwerb und die Anwendung von Fähigkeiten im Vordergrund. Karin P. genoss die Anerkennung und die Sozialkontakte. In ihrer aktuellen Situation sehen Hans D. und Karin P. ihren Beruf in erster Linie als Mittel zum Gelderwerb. Es mag Menschen geben, für die in ihrem Beruf der Gelderwerb grundsätzlich an erster Stelle steht. Deren weitergehende, für das Leben insgesamt zentralen Interessen und Verpflichtungen dürften dann vorrangig außerhalb des Berufes liegen.

Mithilfe des Arbeitsblattes 3 im Anhang (vgl. Seite 86) können Sie Ihre aktuelle berufliche Situation im Vergleich zu einer wünschenswerten, d.h. Ihren persönlichen Bedürfnissen entsprechenden Arbeitsplatzsituation, beurteilen.

Der direkte Vergleich von aktueller und wünschenswerter beruflicher Situation führt zu mehr Klarheit bezüglich der aktuellen beruflichen Situation. Eine ausgeprägte Diskrepanz weist darüber hinaus auf ein unausgeglichenes Gratifikationsgleichgewicht (vgl. Abbildung 5, Seite 32) hin. Wer längerfristig gezwungen ist, entgegen eigener Wertvorstellungen zu arbeiten, dessen Unzufriedenheit wird in aller Regel auch nicht durch ein hohes Gehalt aufgewogen. Die Befriedigung der *psychosozialen Funktionen der Arbeit* ist von zentraler gesundheitlicher Bedeutung. Die Frustration unserer Bedürfnisse in Bezug auf Arbeit, z.B. durch Arbeitslosigkeit und längere Phasen von Arbeitsunfähigkeit, erhöht hingegen nachweislich das Risiko, beispielsweise eine depressive Symptomatik zu entwickeln.

Ein gesundheitsförderlicher Umgang mit beruflichem Stress entspricht einer Verringerung dieser Diskrepanz von Ist und Soll in zentralen persönlichen Bedürfnissen. Besonders im Beruf wird hierbei ein unvermeidliches Dilemma zwischen persönlicher Unabhängigkeit und Anpassung an fremdbestimmte Rahmenbedingungen deutlich, welches es fortwährend auszubalancieren gilt. Dort, wo die persönlichen Erwartungen unerreichbar sind, wird mehr Akzeptanz („love it") erforderlich sein. Sofern Handlungsspielräume bestehen, sollten diese, oft auch mit Gewinn für die persönliche Weiterentwicklung, genutzt werden („change it"). So kann es beispielsweise für die persönliche Weiterentwicklung ausgesprochen förderlich sein, sich einem akuten Konflikt zu stellen (z.B. die eigene Unzufriedenheit, Belastungsgrenzen oder auch Überforderung offen anzusprechen). Die psychotherapeutische Praxis zeigt, dass solche zentralen Schritte der persönlichen Weiterentwicklung nicht selten durch Jobwechsel vermieden werden – mit der Folge eines entsprechend hohen Risikos, auch an einer neuen Stelle vergleichbare Erfahrungen zu machen. Sofern eine Akzeptanz des Status quo („love it") wie auch dessen Veränderung („change it") unerreichbar erscheint, mag im konkreten Fall auch ein Verlassen des Arbeitsverhältnisses unvermeidlich oder auch für die persönliche Weiterentwicklung förderlich sein („leave it"), unter bewusster Inkaufnahme der damit verbundenen Konsequenzen (z.B. Verlust von Sicherheit und vertrautem Umfeld etc.).

Zur Klärung beruflicher Richtungsentscheidungen hat es sich sehr bewährt, die in diesem Kapitel beschriebenen Alternativen (akzeptieren, verändern, verlassen) gemeinsam mit einem Partner, Freund, Berater oder Psychotherapeuten durchzuspielen (vgl. Übung im Kasten).

Übung: Standortbestimmung mit Hilfe eines Stuhlinterviews

Verwenden Sie hierzu drei nebeneinander aufgestellte Stühle, einen für jede der oben beschriebenen Optionen. Ihr Gegenüber befragt Sie nun, wobei Sie jeweils auf dem entsprechenden Stuhl Platz nehmen:

Stuhl 1 („love it"):

„Stell' dir vor, du entscheidest dich dafür, deine berufliche Situation im Grunde wie bisher weiterzumachen. Heute ist der __.__.____ (aktuelles Datum plus 12 Monate) und du berichtest, wie es dir ergangen ist:

- Welche Vorteile hatte es, dass du durchgehalten hast?
- Welche Nachteile musstest du in Kauf nehmen?
- Welche Auswirkungen hatte diese Entscheidung, z.B. auf deine Karriere, dein Privatleben und dein Wohlbefinden?
- Welche körperlichen Empfindungen beobachtest du auf diesem Stuhl? Wie fühlst du dich?
- Möchtest du dir diese Option offenhalten oder kommt sie für dich nicht weiter infrage? (Stuhl wird stehengelassen oder entfernt.)

Stuhl 2 („change it"):

„Stell' dir vor, du entscheidest dich dafür, innerhalb deines heutigen Arbeitsplatzes etwas zu verändern. Heute ist der __.__.____ (aktuelles Datum plus 12 Monate) und du berichtest, wie es dir ergangen ist:

- Was genau hast du verändert? (z.B. eine bestimmte Verhaltensgewohnheit, eine Erwartungshaltung, eine Veränderung der Arbeitsabläufe u.v.m.)
- Wie lange hat es gedauert, bis du es verändern konntest? Wie hast du es geschafft? Gibt es z.B. jemanden, den du um Unterstützung bitte konntest?
- Welche Vorteile haben diese Veränderungen? Was ist besser geworden?
- Welche Nachteile haben sich gezeigt? Gab es z.B. negative Reaktionen deines Umfelds?
- Welche körperlichen Empfindungen beobachtest du auf diesem Stuhl? Wie fühlst du dich?
- Möchtest du dir diese Option offenhalten oder kommt sie für dich nicht weiter infrage? (Stuhl wird stehengelassen oder entfernt.)

Stuhl 3 („leave it"):

„Stell' dir vor, du entscheidest dich dafür, deinen heutigen Arbeitsplatz zu verlassen und deinen Job zu wechseln. Heute ist der __.__.____ (aktuelles Datum plus 12 Monate) und du berichtest, wie es dir ergangen ist:

- Wann und wie hast du gekündigt?
- Wie lange hat es gedauert, bis du eine neue Arbeitsstelle gefunden hast? Gab es jemanden, der dir dabei behilflich sein konnte?
- Was ist besser geworden? Welches Problem hast du durch deinen Stellenwechsel nicht mehr?
- Welche persönlichen Kosten hatte diese Veränderung für dich (z.B. Umzug, anderer Arbeitsweg o.Ä.)? Gibt es etwas, was du von deiner alten Arbeitsstelle vermisst?

- Welche körperlichen Empfindungen beobachtest du auf diesem Stuhl? Wie fühlst du dich?
- Möchtest du dir diese Option offenhalten oder kommt sie für dich nicht weiter infrage? (Stuhl wird stehengelassen oder entfernt.)

3.2.2 Schritte in Richtung einer Veränderung

Wenn Sie mehr Klarheit gewonnen haben, in welche Richtung eine Veränderung stattfinden soll, stehen konkrete Schritte an. Dazu hat sich der 6-Schritte-Plan bewährt. Er bietet sich insbesondere in grundsätzlich veränderbaren Situationen an, d.h. für die „Change-it"-Variante. Aber auch für die „Leave-it"-Variante, insbesondere die Planung eines Stellenwechsels, und für Schritte in Richtung von Akzeptanz, im Sinne der „Love-it"-Variante, kann der 6-Schritte-Plan nützlich sein:

- *Schritt 1: Benennen Sie das Problem.* Ein Problem klar benennen zu können, ist in der Regel die Voraussetzung für dessen Lösung. Dabei empfiehlt es sich, ein großes, komplexes Problem in mehrere kleinere, einfacher lösbare (Teil-)Probleme zu unterteilen.
- *Schritt 2: Definieren Sie Ihren Zielzustand.* Charakteristisch für eine Problemsituation ist, dass sie von einem gewünschten Zielzustand abweicht. Was konkret ist Ihr Ziel? Ziele sind wichtig, weil sie die Richtung, die wir gehen wollen, aufzeigen. Formulieren Sie, bezogen auf das erste (Teil-)Problem Ihr Ziel möglichst konkret und realistisch. Wenn dies spontan noch nicht möglich ist, dann zurück zur Entscheidungsfindung, etwa in Form des Stuhl-Interviews (vgl. Seite 46ff.).
- *Schritt 3: Brainstorming! (Er-)Finden Sie so viele Lösungen wie möglich.* Erstellen Sie eine Liste mit allen denkbaren Lösungen für dieses Problem, gerne auch zunächst einmal abwegig erscheinende Varianten. Entwickeln Sie sportlichen Ehrgeiz und denken sich möglichst viele, ausgefallene und kreative Möglichkeiten aus. Schreiben Sie alles auf, das Ihnen hierzu in den Sinn kommt. Stellen Sie sich vor, ein guter Freund hätte ein Problem, das Ihrem Problem ganz ähnlich ist. Führen Sie ein fiktives Gespräch mit dem Freund und schlagen ihm alle Möglichkeiten vor, die Ihnen einfallen, wie er sein Problem angehen könnte. Sie können auch vertraute Menschen fragen, welche Wege sich bei ihnen in ähnlichen Situationen bewährt haben. Wenn Ihnen keine neuen Ideen mehr einfallen, betrachten Sie jede Lösung

genauer. Wägen Sie die Vor- und Nachteile, die Chancen auf Erfolg und Misserfolg der verschiedenen Möglichkeiten gegeneinander ab.

- *Schritt 4: Machen Sie einen Plan.* Nun geht es darum, einen konkreten Plan zu erstellen. Die folgenden Fragen können dabei hilfreich sein: Wie sehen die genauen Umsetzungsschritte aus? Wen oder was brauche ich dafür? Wann und unter welchen Umständen soll ich mit der Umsetzung beginnen? Wenn es um klärende Gespräche geht: Welche Worte werde ich wählen? Wie werde ich auf die Reaktion anderer reagieren? Wie kann ich mich praktisch auf das Gespräch vorbereiten? Was werde ich tun, wenn Hindernisse auftreten? Wann bin ich mit der Realisierung der Lösung zufrieden? Schreiben Sie Ihren Plan detailliert auf.
- *Schritt 5: Führen Sie den Plan aus.* Versuchen Sie in den kommenden Tagen, Ihren Plan so gut wie möglich auszuführen. Das Wichtigste ist, eine spielerische Haltung des Ausprobierens zu entwickeln. Wenn Sie Ihren Plan ausprobieren, dann sind Sie unterwegs zur Lösung. Das ist ein Fortschritt. Vielleicht müssen Sie mehrere Pläne ausprobieren, bis Sie das Ziel erreichen. Jedes Ausprobieren bringt Sie einer Lösung näher und verdient Respekt.
- *Schritt 6: Bilanz ziehen.* Ihr Plan hat funktioniert, wenn Sie den Zielzustand (Schritt 2) zumindest ein Stück weit erreicht haben. Zu wie viel Prozent haben Sie Ihr Ziel erreicht? Können Sie sich mit dem Erreichten anfreunden? Wenn ja, können Sie sich auf die Schulter klopfen und für Ihren Erfolg belohnen. Wenn nicht, dann gehen Sie zurück zu Schritt 2 und schauen Sie sich Ihre Brainstorming-Ideen noch einmal an. Machen Sie einen neuen Plan mit einem vielleicht etwas kleineren ersten Schritt. Viele Probleme sind sehr schwer zu lösen. Da braucht man einen langen Atem und muss oft mehrere Pläne ausprobieren, bevor sich die ersten Fortschritte einstellen.

3.3 Gedanken, die zur Verausgabung führen, erkennen und entschärfen

Fragen zum Einstieg

- Wenn Sie an eine Situation denken, die Sie typischerweise stresst: Was geht Ihnen in dieser Situation durch den Kopf?
- Gibt es Gedanken, die Ihre Anspannung erhöhen?

3.3.1 Bedeutung der Stressgedanken

Der amerikanischen Psychologe Richard Lazarus (1922–2002) hat sich intensiv damit beschäftigt, was in Stresssituationen gedanklich abläuft *(transaktionales Stressmodell)*. Dabei hat er herausgearbeitet, wie stark unser Verhalten von den Gedanken abhängt und wie unterschiedlich Menschen in Stresssituationen denken und handeln. Das kann wiederum Ihr Gratifikationserleben in erheblichem Maße beeinflussen (vgl. Abbildung 5, Seite 32). Je komplexer die berufliche Tätigkeit ist und je mehr Entscheidungsspielräume bestehen, umso bedeutsamer wird der Einfluss der eigenen Verausgabungsbereitschaft. Es ist wie bei einer Wippe: Man kann sich nach hinten beugen und damit das relative Gewicht erhöhen. Oder man kann sich nach vorne neigen und mit den Füßen Schwung geben, um es sich dadurch leichter zu machen. Sie fragen sich, was das mit „chronischem Stress im Beruf" zu tun hat?

Beispiel

Gehen wir von zwei am gleichen Arbeitsplatz tätigen, hochqualifizierten Kollegen aus. Beide haben dieselben Vorgaben, dieselben Kollegen und denselben Chef. Kollege A erlebt seinen Job als attraktive Herausforderung, die er im Alltag problemlos meistert. Er mag seine Kollegen und schätzt seinen Chef als kompetent und zuverlässig. Kollege B hingegen fühlt sich extrem unter Druck. Er erlebt den Chef als maßlos und herrisch, die Kollegen als egoistisch. Dennoch macht er viele Überstunden. Schließlich muss wenigstens einer die Arbeit entsprechend den Vorgaben richtig machen. Gleichzeitig erlebt er sich als ausgebrannt.

Dass verschiedene Menschen auf dieselbe Anforderungssituation mit einem sehr unterschiedlichen Ausmaß an Stressbelastung reagieren können, ist wissenschaftlich gut belegt. Es gibt Menschen, die selbst unter objektiv schwierigen Bedingungen motiviert arbeiten, eine hohe Lebensqualität haben und gesund bleiben. Und umgekehrt. Im Einzelfall erlaubt die Art und das Ausmaß der Belastung keine Vorhersage darüber, wie gestresst der Betroffene reagieren wird. Die folgenden Beispiele werden Sie vermutlich unterschiedlich stark persönlich betreffen und dabei unterschiedlich viel Stress auslösen (die in Klammern eingefügten Anmerkungen markieren *gedankliche Stressverschärfer*, mit denen wir uns anschließend eingehend beschäftigen werden):

- Die Ihnen zur Verfügung stehende Zeit erlaubt Ihnen nicht, die Aufgabe so gründlich zu erledigen, wie Sie es gerne tun würden (empfindlicher Punkt: *hohe Ansprüche an die eigene Leistung*).
- Ihr Vorgesetzter bittet Sie zu einem persönlichen Gespräch, in dem er eine von Ihnen übernommene Aufgabe kritisiert (empfindlicher Punkt: *keinen Fehler machen dürfen/für Misserfolg verantwortlich sein*).
- Sie müssen eine berufliche Entscheidung treffen und umsetzen, die von den Kollegen mit hoher Wahrscheinlichkeit abgelehnt wird (empfindlicher Punkt: *anerkannt und beliebt sein müssen*).
- Eine Aufgabe erfordert, dass Sie andere um Rat oder Unterstützung bitten müssen (empfindlicher Punkt: *keine Schwäche zeigen/sich nicht zugestehen, um Unterstützung bitten zu müssen*).
- Sie erfahren nebenbei von einem Kollegen, dass er es leider nicht geschafft habe, eine Arbeit fertig zu machen. Der Kollege sagt: „Tut mir leid, ich hatte einfach zu viel Stress." Sie selbst hätten eher Überstunden gemacht, als sich mit solch einem Satz aus der Affäre zu ziehen (empfindlicher Punkt: *andere sollten den eigenen Erwartungen entsprechen*).

Was genau ist dafür verantwortlich, dass wir eine Stresssituation als belastender erleben als eine andere? Der Schlüssel hierzu liegt in unseren Gedanken und Erwartungshaltungen.

3.3.2 Identifikation eigener stressverschärfender Gedanken: Der Stressverschärfertest

> Mithilfe des Fragebogens (Lehr, 2015), den Sie in Arbeitsblatt 4 (vgl. Anhang, Seite 87–88) finden, lassen sich gedankliche Stressverschärfer bestimmen. Nehmen Sie sich für die Bearbeitung des Fragebogens sowie des dazugehörigen Auswertungsblattes (Arbeitsblatt 5; vgl. Anhang, Seite 89) etwas Zeit, um im Anschluss von den darauf aufbauenden Überlegungen und Übungen profitieren zu können.

Anhand der für jeweils einen der Stressverschärfer stehenden Thermometer (vgl. Abbildung 8) lässt sich der Fragebogen auswerten. Zählen Sie die Punkte, die Sie bei den einzelnen Fragen erzielt haben, entsprechend den unter den Thermometern stehenden Nummern zusammen. Diese Nummern beziehen sich auf die Nummerierung der Fragen im Fragebogen (vgl. Arbeitsblatt 4). Markieren Sie anschließend Ihren Summenwert auf dem dazugehörigen Thermometer des Auswertungsblatts (vgl. Arbeitsblatt 5). Wenn Sie nun Ihre eigenen Werte miteinander verbinden, erhalten Sie Ihr persönliches Profil.

Abbildung 8 beschreibt die Profile des Ingenieurs von Hans D. und der Finanzbeamtin Karin P. Die unterschiedlich dunklen Schraffierungen in den Thermometern markieren das Ausmaß der gesundheitlichen Bedeutung, die eine entsprechende Ausprägung dieses gedanklichen Stressverschärfers für die psychische Gesundheit haben kann. Eine hellgraue Schraffierung markiert ein mittleren bzw. eine dunkelgraue Schraffierung einen hohen Zusammenhang mit depressiven Symptomen.

Zunächst fällt auf: Gedankliche Stressverstärker hat jeder! Ihr Einfluss auf unser Stresserleben ist eine Frage ihres Ausmaßes. Lassen Sie den Fragebogen von Ihren Freunden ausfüllen! Sie werden kaum je absolut identische Kurven finden. Der Vergleich der Beispielprofile in Abbildung 8 zeigt: Hans D. erreicht seinen persönlichen Höchstwert bei *„Habe hohe Ansprüche“*, relativ hoch liegt er bei *„Mache keine Fehler“* und *„Sei anerkannt und beliebt“*.

Wie bewerten Sie Ihr Profil? Sind Sie überrascht oder bestätigt sich das, was Sie vermutet haben? Hohe Werte in einem oder mehreren gedanklichen Stressverschärfern beinhalten bei Konfrontation mit entsprechenden Auslösern im Beruf (z. B. Kritik, Fehler oder Zeitdruck) ein erhöhtes Risiko für das Erleben von Stress. Die entscheidende Frage ist: Wie lassen sich die Ihre Lebensqualität gefährdende Stressverschärfer entschärfen?

Beginnen wir mit *„Habe hohe Ansprüche“*. Dass viele Menschen unserer Leistungsgesellschaft hohe Ansprüche an sich stellen, überrascht nicht. Viele von uns haben das gewissermaßen von Kindesbeinen an gelernt. Wurden Sie gelobt, als Sie seinerzeit mit guten Noten von der Schule nach Hause kamen? Das individuelle Profil stressverschärfender Gedanken hat in aller Regel nicht nur eine „Ursache“, sondern eine jahrzehntelange persönliche Lerngeschichte! Wer hohe Ansprüche hat, schreibt zumeist bessere Noten, hat mehr Erfolge, bekommt Anerkennung und verdient oft mehr Geld, als jemand, der weniger hohe Ansprüche an sich stellt. Gleichzeitig reduziert man durch hohe Ansprüche und hohen Einsatz das Risiko von Fehlern, Misserfolgen und sozialer Ausgrenzung. Wer sich überdurchschnittlich engagiert, muss zudem seltener andere um Hilfe bitten.

Arbeitsblatt: Stressverschärfertest – Auswertungsbogen **5**

Anhand des *Stressverschärfer-Thermometers* können Sie die Bereiche erkennen, die Sie für Stress besonders anfällig machen.

Stressverschärfer	Habe hohe Ansprüche!	Mache keine Fehler! Sonst bist du ein Versager!	Sei anerkannt und beliebt!	Mache dich für Misserfolge verantwortlich!	Bitte niemals um Hilfe und Unterstützung!	Scheue Unsicherheit und Risiko!	Probleme sind schlimm!	Andere sollten deinen Erwartungen entsprechen!
Zugehörige Fragen:	2, 7, 11, 31	4, 12, 21, 30	14, 16, 18, 25	6, 13, 17, 29	1, 8, 24, 27	5, 9, 23, 28	3, 19, 22, 32	10, 15, 20, 26

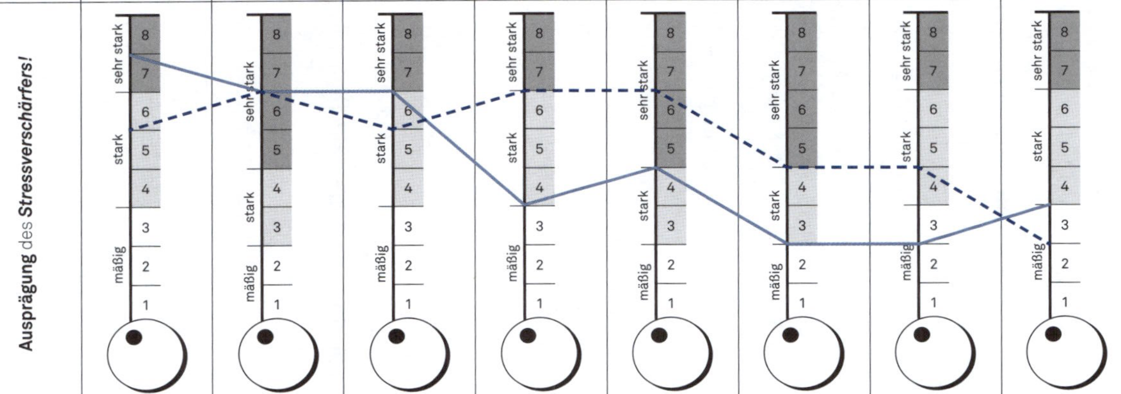

Hans D. ———— Karin P. - - - - - - -

Abbildung 8: Beispielprofil von Hans D. und Karin P. im Stressverschärfertest

Fallbeispiel: Hans D.

Die Biografie von Hans D. lässt sich unschwer anhand dieser Punkte nachvollziehen. Er war ein guter Schüler. Das Studium an der Fachhochschule absolvierte er als Jahrgangsbester. Bei Mitschülern war er beliebt, auch weil er sie bei den Hausaufgaben unterstützte. Sein Leben lief auf diese Weise immer glatt, so lange, bis der neue Chef kam. Hans D. wurde hier zum ersten Mal heftig mit den Nachteilen seines Profils stressverschärfender Gedanken konfrontiert. Zu einem förderlichen Umgang mit Kritik fehlten ihm entsprechende Lernerfahrungen. Er wurde ja nie kritisiert, dazu gab er nie Anlass. Die Annahme liegt nahe, dass Hans D. hohe Ansprüche an die eigene Leistung entwickelte, um eine Unsicherheit zu kompensieren und Konflikten quasi vorsorglich aus dem Weg zu gehen. Dass er bei „Sei beliebt und anerkannt" ebenfalls eine hohe Punktzahl erreicht, passt dazu. Angesichts des neuen Chefs stößt Hans D. mit diesem Profil an seine Grenzen: Er ist leistungsorientiert, wird dafür aber nicht anerkannt. Im Gegenteil. Zugleich findet er nur schwer Ausgleich und Erholung. Alternative Gedanken wie *„Ich bin praktisch unkündbar und habe eine gute Familie. Ich bestimme selbst darüber, wie wertvoll ich mich fühle, nicht mein Chef!"* sind ihm fremd. Leider, denn aus einer solchen Perspektive heraus könnte er den Konflikt leichter ertragen. Das Gewicht auf der linken Schale der Gratifikationswaage von Hans D. wäre erheblich leichter. Aber einfach umschalten, das kann Hans D. nicht, weil jahrelange Lernerfahrungen dem entgegenstehen.

Lernerfahrungen, die zur Entwicklung stressverschärfender Gedanken führen können

- Strenge, durch Drohungen bzw. Angst oder geringe Wahrnehmung der kindlichen Bedürfnisse seitens prägender Bezugspersonen.
- Mangelnde Erfahrungen von Wertschätzung der eigenen Person, z. B. ausschließlich oder primär Wertschätzung für Leistung.
- Anhaltende Erfahrung existenzieller Verunsicherung, z. B. anhaltend unsichere Arbeitsverhältnisse oder fehlende finanzielle Absicherung.
- Mangelnde Förderung, mangende positive Erfahrungen mit der Bewältigung schwieriger beruflicher Situationen.
- Fehlende Vorbilder für den erfolgreichen Umgang mit Anforderungen.
- Frühe überhöhte Verantwortungsübernahme, ständige Überforderung.
- Einschneidende berufliche Erfahrungen, z. B. von Jobverlust oder schwerwiegenden Konsequenzen von Fehlern.

- Häufige oder einschneidende Erfahrungen von Demütigung und Niederlagen.
- Prägende Erfahrungen von Frustration, Sinn- oder Kontrollverlust bei der Arbeit.
- Einsamkeit bzw. das Fehlen unterstützender Bezugspersonen.

3.3.3 Entschärfung stressverstärkender Gedanken

Im Folgenden finden Sie für jeden Stressverschärfer Übungsbeispiele, wie der betreffende stressverschärfende Gedanken überprüft und, wenn nötig, modifiziert werden kann.

Habe hohe Ansprüche!

Wenn Sie gewohnheitsmäßig dazu neigen, sich zu überfordern, kann es zunächst zwar anstrengend, letztlich aber hilfreich sein, bestimmte Aufgaben bewusst in durchschnittlicher Qualität zu erledigen.

Übungsbeispiel

Einen Text nicht so lange überarbeiten, bis Sie sich „wirklich gut" damit fühlen, sondern die Arbeit nach einer vorher dafür definierten Zeit beenden, z.B. eine E-Mail abschicken, ohne sie wie gewohnt ein- oder mehrmals Korrektur gelesen zu haben.

Mache keine Fehler! Sonst bist du ein Versager!

Vorab wäre zu klären, ob hier eher Befürchtungen im Sinne von *„Andere könnten merken, dass ich einen Fehler gemacht habe"* (also: soziale Unsicherheit) oder eher Einstellungen wie *„Auch wenn andere es vielleicht gar nicht merken – Fehler zu machen ist grundsätzlich eine Katastrophe für mich"* (im Sinne eines rigiden, übermäßig strengen Gewissens) im Vordergrund stehen.

Übungsbeispiele

Im ersten Fall liegt nahe, z.B. vor anderen offen über eigene Fehler zu sprechen (z.B. *„Ich habe neulich vergessen, XY zu erledigen, und entschuldige mich für die daraus resultierende Verspätung"*). Im zweiten Fall können bewusst kleine Fehler gemacht und anderen offenbart werden (z. B. die verspätete Erledigung einer Aufgabe). Dabei gilt es, die eigene Schmerzgrenze auszuloten und Übungsaufgaben zu definieren, die man sich selbst zutraut und für sinnvoll erachtet. Wichtig ist, diese Übungen nicht „im Eiltempo" durchzuziehen, sondern den Fehler bewusst wahrzunehmen und dabei auf die eigenen Reaktionen und die der Kollegen zu achten.

Mögliche Einstiegsübung: Sich beim nächste Mal, wenn ein Fehler passiert, fünf Minuten Zeit nehmen, um sich verständnisvolle und „fehlerfreundliche" Gedanken dazu aufzuschreiben.

Sei anerkannt und beliebt!

Viele berufliche Entscheidungen, z. B. die Übernahme von Zusatzaufgaben, laufen auf einen Interessenkonflikt zwischen den Bedürfnissen anderer, z. B. von Kollegen oder Vorgesetzten, und den eigenen Bedürfnissen hinaus. Dabei wird im Sinne dieses Stressverschärfers den Bedürfnissen und der Zustimmung anderer ein überhöhter Stellenwert beigemessen, um den Preis eigener Autonomie und eigener Handlungsspielräume.

Übungsbeispiel

Bei der nächsten Anfrage zur Übernahme einer zusätzlichen Aufgabe Bedenkzeit erbitten, um abwägen zu können, ob man dieses Projekt wirklich übernehmen kann und möchte.

Mache dich für Misserfolge verantwortlich!

Ein zentrales Problem hierbei besteht darin, dass Misserfolg rigide der eigenen Person, Erfolg jedoch primär anderen oder dem Zufall zugeschrieben wird. Eine Entlastung könnte darin bestehen, dieser gedanklichen Verzerrung dadurch entgegenzuwirken, sich mehrere alternative Ursachen bewusst zu machen.

Übungsbeispiel

Beim nächsten Anlass, der nicht zur eigenen Zufriedenheit verlaufen ist, mehrere Gründe aufschreiben, woran es gelegen haben könnte.

Bitte niemals um Hilfe und Unterstützung!

Hier wird die Inanspruchnahme von Unterstützung durch andere vermieden, beispielsweise aus Scham oder Angst vor negativer Bewertung. Problematisch wird dies vor allem dann, wenn eine Aufgabe ohne Kooperation und insbesondere ohne Delegation von Teilaufgaben nicht lösbar ist.

Übungsbeispiel

In einer Alltagsaufgabe um Hilfe bitten, am besten beginnend mit Personen, zu denen ein gutes Vertrauensverhältnis besteht. Anschließend den Schwierigkeitsgrad schrittweise steigern.

Scheue Unsicherheit und Risiko!

Menschen mit hoher Gewissenhaftigkeit und Angst vor Misserfolg neigen mitunter zu exzessivem, deutlich überdimensioniertem Energieaufwand, etwa was die Vorbereitungen für Präsentationen oder wichtige Termine anbelangt. Deshalb werden solche Termine häufig vermieden, mit negativen Konsequenzen für das Selbstvertrauen.

Übungsbeispiel

Es steht ein wichtiger Termin an. Das Ausmaß der eigenen Vorbereitungen wird auf den unter Kollegen üblichen (vorher erfragen!) Umfang beschränkt. Hierdurch ist man quasi gezwungen, sich auf die eigene Kompetenz und Erfahrung zu verlassen. Dass dabei zunächst Unruhe und Anspannung auftritt, ist zu erwarten. Dies legt sich in aller Regel im Laufe der Veranstaltung. Leider können nur so eigene Kompetenzen als solche erlebt und damit Unsicherheiten abgebaut werden. Wer sich nie in tiefes Wasser begibt, wird nie herausfinden, dass er schwimmen kann.

Probleme sind schlimm!

Sicherlich, ein Leben ohne größere Probleme, Ungerechtigkeiten oder Enttäuschungen ist ein Grund zur Dankbarkeit. Gehören Widrigkeiten, Rückschläge und erlebtes Unrecht zum Leben dazu? Sind das Zumutungen, die man hinnehmen sollte? Menschen unterscheiden sich in der Frage, ob Probleme zum Leben dazu gehören. Unterschiede bestehen auch darin, ob Menschen durch Probleme oder Problemfreiheit wachsen. Zudem gibt es Unterschiede in der Zuversicht, dass man ein Problem erfolgreich lösen kann. In Abschnitt „Schritte in Richtung Veränderung" lernen Sie, wie Sie in 6 Schritten Probleme angehen können.

Übungsbeispiel

Einem Kollegen von einem Problem erzählen und ihn um seine Sicht der Dinge bitten: Für wie schwerwiegend bzw. lösbar hält er das Problem? Die dabei gemachte Erfahrung gilt es, mit der bisherigen eigenen Einschätzungen bzw. eigenen Befürchtungen abzugleichen. Achtung: intuitiv kommt es vor, dass befragte Kollegen hinterher als entweder besonders souverän *(„Natürlich sieht der keine Probleme, so fit wie der ist")* oder als fahrlässig *(„Der merkt ja nie etwas")* relativiert werden. Wenden Sie sich an vertrauenswürdige Kollegen auf Ihrer Ebene, bei denen solche Relativierungen auszuschließen sind!

Andere sollten deinen Erwartungen entsprechen!

Überhöhte Erwartungen an das Verhalten und die Leistung anderer kann Ausdruck eigener Unsicherheit oder auch zwanghaft-perfektionistischer Erwartungen an sich selbst sein. Sie beinhalten das Risiko zu Ungeduld, Reizbarkeit und überkritischem Verhalten gegenüber anderen und erhöhen die Wahrscheinlichkeit, dass es zu Konflikten kommt.

Übungsbeispiel

Wenn mein Kollege X das nächste Mal anders reagiert, als ich es erwartet habe und meinen Maßstäben entsprechend für angemessen gehalten hätte, dann halte ich inne und richte meinen Blick bewusst auf das Positive an seinem Verhalten, auch wenn ich es spontan als kränkend bzw. inadäquat erlebt habe. Anschließend melde ich ihm meine positive Wahrnehmung wertschätzend zurück.

Fassen wir zusammen: Sie haben Ihr persönliches Profil stressverschärfender Gedanken reflektiert. Darüber hinaus wurden mögliche Bezüge zur eigenen Lerngeschichte hergestellt. Auf dieser Grundlage wird es möglich, in Konflikt- bzw. Belastungssituationen die eigenen „Brandbeschleuniger" besser als solche zu erkennen und ihnen entgegenzuwirken. In Übungsbeispielen

(Verhaltensexperimenten) haben Sie eigene Stressverschärfer überprüft und gegebenenfalls korrigiert. Bezogen auf die eigene Gratifikationsbalance bedeutet dies: Wenn die linke Seite der Waage leichter werden soll, dann wird dies entweder durch Verringerung auslösender beruflicher Belastungen und/oder durch die Entschärfung persönlicher stressverschärfender Gedanken und Einstellungen möglich.

Merke

Gedankliche Stressverschärfer sind Hypotheken aus der Vergangenheit, zu deren Veränderung wiederholte, neue, korrigierende Erfahrungen erforderlich sind.

3.4 Erholung: Gestaltung von Pausen, Feierabend und dem Wochenende

Fragen zum Einstieg

- Reichen Ihnen Ihre Pausen und Ihr Wochenende zur Regeneration aus?
- Falls nein: Haben Sie Ideen, was Sie an Ihren Pausen und Regenerationsphasen ändern möchten?
- Was haben Sie bereits zur Verbesserung Ihrer Regeneration ausprobiert bzw. was hat Sie von einer dauerhaften Verbesserung Ihrer Regeneration abgehalten?
- Haben Sie Erfahrung damit, eine Verhaltensgewohnheit dauerhaft zu verändern?

3.4.1 Wissenswertes über Pausen

Sie haben Entspannungsverfahren und achtsamkeitsbasierte Ansätze kennengelernt, die beim Erwerb bzw. zur Wiedererlangung der Entspannungsfähigkeit hilfreich sein können. Voraussetzung dafür ist, dass man mit dem Üben anfängt, solange man genügend Zeit, Geduld und Energie dafür aufbringen kann. Sie fühlen sich bereits ausgebrannt und so energielos, dass Sie weder Zeit noch Energie haben, um solche Techniken zu lernen? Dann gilt es, zunächst Freiräume zu schaffen, um die dafür erforderliche Kraft zu schöpfen (z.B. gezielte Begrenzung der Arbeitszeit, Auszeiten oder Abgabe einer zusätzlichen Verpflichtung).

Einer verbreiteten Annahme zufolge sind Pausen in dem Umfang erforderlich, in dem ununterbrochen gearbeitet wurde (vgl. Abbildung 9, gestrichelte Linie der linken Grafik). Die Erholungsforschung zeigt, dass dies nur bedingt zutrifft. Tatsächlich nimmt die Ermüdung (und damit der Bedarf an Regeneration) mit zunehmender Dauer ununterbrochener Arbeit überproportional zu (vgl. Abbildung 9, durchgezogene Linie der linken Grafik). Das bedeutet: Wenn Sie nach zwei Stunden acht Minuten zur Erholung benötigen, dann brauchen Sie nach vier Stunden mehr als doppelt so lange zur Regeneration, d.h. länger als 16 Minuten. Wenn Sie nicht regelmäßig Pausen machen, dann kann dies abends eine ausreichende Regeneration und das Einschlafen erschweren: Anspannung und Stresshormone sind dann zu hoch um, einschlafen zu können. Für das Thema Schlafstörungen sei auf den Ratgeber von Riemann (2016) verwiesen.

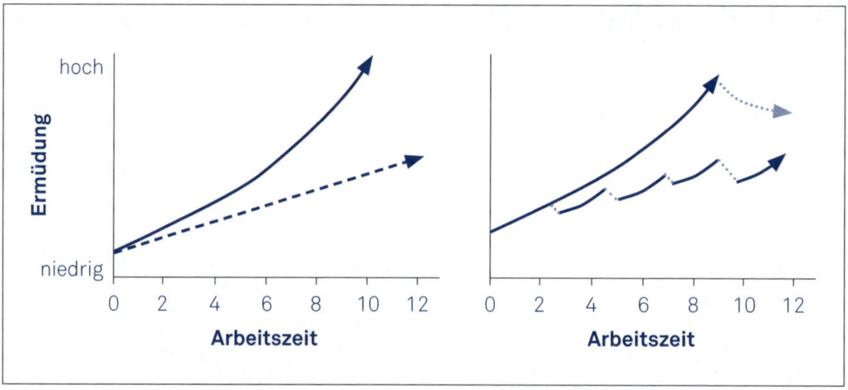

Abbildung 9: Zusammenhänge von Arbeits- und Erholungszeit. (links) Mit zunehmender Arbeitszeit nimmt die Ermüdung bzw. der Erholungsbedarf nicht in demselben Ausmaß zu (gestrichelte Linie), sondern schießt nach einiger Zeit in die Höhe. (rechts) Da zu Pausenbeginn der Erholungseffekt intensiver ist, sind regelmäßige kurze Pausen (gestrichelte Linie) günstiger als späte lange Pausen (obere Linie).

Abbildung 9 zeigt zudem auf, dass der Erholungseffekt zu Beginn einer Pause in aller Regel höher ist als zum Ende einer Pause. Eine Verlängerung der Pause führt dann kaum noch zu einer weiteren Verbesserung der Regeneration. Eine optimale Lösung ergibt sich aus der Kombination dieser beiden Grundsätze: Möglichst früh eine kürzere Pause ist in der Regel erholsamer als (zu) spät eine sehr lange! Konkrete und gleichzeitig allgemeinverbindliche Aussagen zur optimalen Dauer einer Pause sind allerdings nicht möglich, da diese von mehreren Einflussfaktoren abhängt: (a) die Art der beruflichen Beanspruchung (z.B. eher körperlich oder eher geistig, wobei oft gerade ein Wechsel der Aktivität als erholsam erlebt wird), (b) der allgemeine Gesundheitszustand (der ein sehr unterschiedliches Maß an Regenerationsbedarf bedingen kann) sowie (c) das biologische Alter (mit zunehmendem Alter nimmt der Regenerationsbedarf zu). In der aktuellen Arbeitswelt wie auch im persönlichen Umgang mit dem Thema Regeneration werden diese Erkenntnisse bislang leider oft nur unzureichend berücksichtigt.

Niemand kann langfristig und ungestraft ohne ausreichende Regeneration durcharbeiten! Im Notfall muss es gelegentlich irgendwie gehen. Den eigenen Berufsalltag aber auf eine solche maximale Auslastung hin auszulegen, ist sich selber gegenüber unfreundlich und langfristig schädlich.

Was heißt das konkret auf die Arbeitsabläufe bezogen? Was ist eine Pause? Psychologisch gesehen nicht mehr, aber auch nicht weniger als ein Zustand, in der man gedanklich Abstand zur Tätigkeit findet und körperliche Entspannung erfährt. Daraus folgt: Eine offizielle Arbeitspause, in der man mit Kollegen über Arbeitsprobleme spricht, ist nicht automatisch eine erholsame Pause. Umgekehrt sind innerhalb der Tätigkeit selbst Regenerationsphasen denkbar. Etwa wenn man auf etwas warten muss. Man kann sich in dieser Zeit zunehmend genervt überlegen, was alles durch solche Verzögerungen schlimmer wird. Oder man kann etwas zur Entspannung tun, im Wissen darum, dass Stressgedanken auch nicht dazu führen, dass etwas, auf das man keinen Einfluss hat, schneller geht. Idealerweise sollten – entsprechend dem Arbeitsschutzgesetz – regelmäßige Pausenzeiten vorgesehen sein. Ob sie genutzt werden, hängt nicht zuletzt vom Betroffenen ab. Und wenn es keine offiziellen Pausen gibt, dann ist es umso wichtiger, selbst regelmäßig für Regeneration zu sorgen.

Wenn ein Auftrag erledigt werden muss, dann gibt es keine Pausen. Pausen ergeben sich oftmals ungeplant und behindern den reibungslosen Ablauf.

Hans D.

Wenn eine Akte fertig ist, liegt schon die nächste bereit. Dann klingelt das Telefon. Ich komme einfach nicht dazu, Pausen zu machen.

Karin P.

Was würden Sie den zwei Kollegen entgegnen? So wie Karin P. geht es vielen. Zu tun ist immer etwas, Chef, Kunden oder die Art der Organisation von Arbeitsabläufen machen Druck. Zum einen geht es darum – was Hans D. bislang offenbar nicht bewusst war –, dass Pausen bewusst gestaltet und als solche erlebt werden. Karin P. hatte früher regelmäßig mit Kolleginnen Kaffee getrunken, wobei sich Entspannung quasi nebenbei einstellte. Seitdem diese Kaffeekränzchen nicht mehr möglich sind, kommt Karin P. zunehmend erschöpft nach Hause.

Übung

Beobachten Sie eine Woche lang, in welcher Form und wie lange Sie Pausen gemacht haben. Notieren Sie, welchen Effekt Ihre Pausen auf Ihre Regeneration und Ihr Befinden haben. Eine solche Standortbestimmung kann weitere Veränderungen des eigenen Erholungsverhaltens einleiten. Häufig hat bereits die gezielte Selbstbeobachtung Einfluss auf das eigene Verhalten.

Sie werden aus eigener Erfahrung wissen, dass Pausen oft ein Konfliktfeld sind. Auf der einen Seite stehen Arbeitsanforderungen, Abteilungsziele, der Chef, Kollegen oder Klienten. Auf der anderen Seite steht ... man selbst, mit den eigenen Belastungsgrenzen, eigene Erholungsbedürfnisse oder auch Bedürfnisse und Verpflichtungen gegenüber der Familie. Diese Konstellation schließt einfache Patentlösungen aus. Pausen nach außen hin zu vertreten, kann schwer sein und zu Konflikten führen, die oftmals auf Kosten der eigenen Regeneration vermieden werden. Jemand anderes muss warten, Ihretwegen! Es geht stets um die Abwägung von Interessen, das Betriebsklima und längerfristig eben auch um Ihre Arbeits- und Lebensqualität. Pausen zu hartnäckig einzufordern, kann mitunter mehr Stress machen, als sie Erholung bringen. Und umgekehrt.

3.4.2 Effektiv regenerieren können

Wenn Ihre Pausenbilanz anhaltend negativ ausfällt, trotz bestmöglicher Ausschöpfung persönlicher Freiräume, dann stellt sich unweigerlich die Frage, welchen Stellenwert die Rahmenbedingungen haben, d.h. „love it, change it or leave it“ (vgl. Kapitel 3.2). Im Anschluss daran geht es in der Regel darum, seine Bedürfnisse mit den betreffenden Personen zu kommunizieren. Gute Argumente haben Sie (vgl. Abbildung 9)! Für ihre Umsetzung dürften neben kommunikativen Fertigkeiten auch das eigene Netz sozialer Unterstützung sowie eigene stressverschärfende Gedanken und Einstellungen (vgl. Kapitel 3.3) entscheidend sein! Wer selbst hohe Leistungsansprüche hat und wem es sehr wichtig ist, gemocht zu werden, dem wird es absehbar schwerer fallen, solche Konflikte anzugehen. Wem es umgekehrt gelingt, Pausen bewusst als solche zu gestalteten, dem wird es leichter fallen, auch angesichts unvermeidlicher beruflicher Belastungen ausreichend regenerieren zu können.

Wie lässt sich das eigene Regenerationsverhalten verändern?

- Erholung sollte *geplant* werden: z.B. durch gezielte Festlegung am Anfang der Woche, wann man was und ggf. mit wem unternehmen möchte.
- Erholungsgewohnheiten müssen *geübt und automatisiert* werden: Je regelmäßiger etwas getan wird (z.B. immer freitags schwimmen gehen), desto wahrscheinlicher ist die Etablierung einer festen Verhaltensgewohnheit.
- *Aktivierung sozialer Unterstützung:* Die Erhöhung der sozialen Verbindlichkeit kann die Durchführung von Erholungsaktivitäten erleichtern, z.B. indem man sich für erholsame Aktivitäten verabredet.
- *Selbstverpflichtung erhöhen:* Zur Erhöhung der persönlichen Verbindlichkeit besteht die Möglichkeit, anderen von eigenen Absichten und Plänen zu berichten.

- *Zeitbegrenztes Arbeiten:* Bei Problemen mit der Einhaltung von Arbeitszeiten sollte die Arbeit beendet werden, wenn die dafür eingeplante Zeit abgelaufen ist, und nicht, wenn eine ausreichende Zufriedenheit mit dem Ergebnis erreicht ist.

3.4.3 Wie funktioniert Erholung?

Pausen während der Arbeitszeit sind ein erster, wichtiger Schritt. Das Thema Erholung findet nach Feierabend und am Wochenende seine Fortsetzung. Was unterscheidet Menschen, die sich Montagmorgens erholt fühlen, von jenen, die sich am Wochenende nicht ausreichend erholen konnten? Abbildung 10 zeigt, dass berufliche Anstrengung („Arbeitswelt") und eine anschließende Regeneration in Arbeitspausen, am Feierabend oder am Wochenende („Erholungswelt") mit einem kontinuierlichen Wechsel von erhöhter Anspannung (in der Arbeitswelt) und reduzierter Anspannung (in der Erholungswelt) einhergeht.

Regeneration erfordert zunächst *gedankliche Distanzierung*. Die diesbezügliche Redewendung *„Abschalten können"* ist allerdings irreführend, da hier

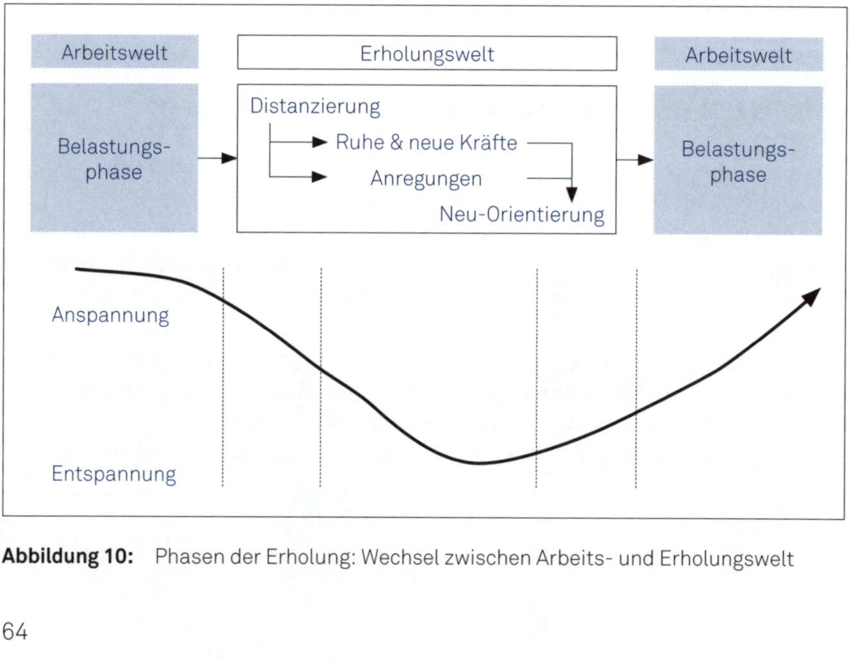

Abbildung 10: Phasen der Erholung: Wechsel zwischen Arbeits- und Erholungswelt

sicher nicht einfach ein „Schalter umgelegt“ wird, sondern mittels Zeit und zuweilen gezielter Umlenkung der Aufmerksamkeit auf alternative Interessen ein kontinuierliches Absinken der Anspannung erfolgt. Hierbei sind in der Regel etwa 30 Minuten bis zwei Stunden nötig. Das wird häufig unterschätzt. Die darauffolgende *Regeneration* kann sowohl Ruhe oder auch Schlaf wie auch Anregungen, Aktivität, sportliche oder kulturelle Betätigung oder auch Aktivitäten mit Freunden und Familie beinhalten. Aktive Erholung ist oft wesentlich erholsamer, als Passivität oder Zeit vor dem Fernseher oder PC! Für aktive Entspannung verwendete Energie ist mit Maß und Ziel ein gutes Investment! Eine Phase der *Neuorientierung* markiert schließlich den Übergang in die Arbeitswelt, beispielsweise die gedankliche Orientierung an die anstehenden Aufgaben auf dem Weg zur Arbeit.

Menschen, die sich am Feierabend und an Wochenenden nicht ausreichend erholen können, erleben in der Regel eine anhaltend erhöhte Grundanspannung auch über arbeitsfreie Zeiten hinweg. Die hier dargestellten Phasen der Erholung veranschaulichen, welche Gründe es haben kann, wenn Erholung z.B. am Wochenende nicht gelingt:

1. Weil die gedankliche Distanzierung nicht gelingt, z.B., weil die Erholungszeit durch berufliche Inhalte unterbrochen wird (z.B. die Beantwortung dienstlicher Telefonate und E-Mails) oder
2. weil Ideen, Mittel und Antrieb zu Ausgleichsaktivitäten fehlen oder
3. weil zu früh mit der Neuorientierung begonnen wird (z.B. Sorgen und Grübeln über berufliche Inhalte bereits am Sonntagmittag).

Alle drei Aspekte sind durch gezieltes Training (z.B. Grübelstopp, vgl. Kapitel 3.5) oder Wiederaufnahme von Ausgleichsaktivitäten grundsätzlich veränderbar!

Erholung setzt eine gewisse Disziplin voraus!

Menschen, die Arbeit als primär „vernunftgesteuert“ definieren und Freizeit als Gegengewicht dazu „aus dem Bauch heraus“ gestalten wollen, fällt es erfahrungsgemäß schwer, diese Aussage zu bestätigen. In diesem Fall bietet es sich an, sich eingehendere Gedanken über die Inhalte, Abläufe und Ziele von Arbeit und Freizeit zu machen! Pauschale Ansichten, wonach Arbeit per se „Pflicht und nicht selbstbestimmt“ ist, während man in der Freizeit das eigentliche, persönliche Leben führt, stehen absehbar einem gesunden Umgang mit dem Thema Stress an mehreren Punkten im Wege (vgl. hierzu Kapitel 3.2 zu den Funktionen der Arbeit). Auch der Begriff *work-life balance* ist so gesehen antiquiert und wenig hilfreich. Es geht, auch was das Thema „Leben und Arbeit“ anbelangt, um Integration!

Beispiel

Karin P. verbrachte ihre Wochenenden zuletzt weitgehend auf dem Sofa vor dem Fernseher, was sie eigentlich gar nicht wollte. Eigentlich hätte sie lieber einen Ausflug gemacht. Dazu fehlte ihr die Kraft, was wiederum Folge der vielen Arbeit war. Womit alles, was sie tat (und auch nicht tat), inhaltlich auf die Arbeit bezogen bzw. von der schlechten Situation in ihrer Arbeit bestimmt war.

In anderen Fällen führen Nach- und Vorbereitungsarbeiten dazu, dass die Arbeit am Wochenende stets präsent bleibt, wobei auch spezifische Einstellungen und Verhaltensweisen, quasi „Erholungsverderber“, zum Tragen kommen (vgl. Tabelle 2). In letzter Zeit wurde das Thema „ständige Erreichbarkeit“ intensiv diskutiert. Dabei sind Erwartungen daran, wann und wie jemand zu erreichen sein sollte, häufig unklar und von unausgesprochenen Regeln bestimmt. Das schafft Unsicherheit und Anspannung. Im Gespräch mit Kollegen und Vorgesetzten zunächst einmal explizit zu vereinbaren, wie die Erreichbarkeit am Feierabend, Wochenende und im Urlaub sein soll, kann ein erster Schritt sein, der Sicherheit schafft.

Tabelle 2: Beispiele für „Erholungsverderber“

„Erholungs-verderbende“ Einstellungen	• „Erst die Arbeit, dann das Vergnügen!“ • „Erholung muss man sich erst verdienen!“ • „Ich darf mir erst Zeit für mich selbst nehmen, wenn ich wirklich nicht mehr kann.“
„Erholungs-verderbende“ Verhaltensweisen	• Ständige Unterbrechung der eigenen Freizeit durch automatische Weiterleitung dienstlicher Anrufe und E-Mails auf das private Smartphone. • Übermäßige Gedanken und Gespräche über Probleme und Ärgernisse bei der Arbeit. • Passivität, Bewegungsmangel, Vernachlässigung privater Interessen und Kontakte.

Fassen wir zusammen: Erholung setzt in der Regel Entspannung voraus. Entspannung kann und sollte man üben, wobei man dabei fast zwangsläufig Aspekte an sich selber entdeckt, die man vorher nicht kannte und die ein Leben erheblich bereichern können. Kurse zum Erlernen von Entspannungstechniken oder Achtsamkeit, sind oft vor Ort verfügbar. Solche Aspekte in sein Leben zu integrieren, kostet Überwindung, Zeit, gegebenenfalls etwas Geld und vor allem Energie. Längerfristig schafft man sich damit die Basis für einen professionellen Umgang mit beruflichem Stress! Erholung und Regeneration ist darüber hinaus ein komplexes Phänomen, das regelmäßige Entspannung bzw. Pausen, gedanklichen Abstand zu den als belastend erlebten Aspekten des Berufes, mitunter tiefes Durchatmen und über den Beruf hinausgehende Interessen, Ausgleichserfahrungen und alternative sinnstiftende Betätigungsfelder erfordert.

3.5 Abschalten können! Wenn im Kopf alles nur noch um die Arbeit kreist

Fragen zum Einstieg

- Wie häufig grübeln Sie?
- Wann und über was haben Sie zuletzt gegrübelt?
- Welche negativen Konsequenzen hat Grübeln für Sie?
- Was ist dafür verantwortlich, wenn Sie trotz negativer Konsequenzen grübeln?
- Was können Sie tun, um Grübelkreisläufe zu durchbrechen?

3.5.1 „Glücklich ist, wer vergisst, was doch nicht zu ändern ist!“

So weise und naheliegend diese Einsicht, die bis in Operetten – das Zitat stammt aus der „Fledermaus“ von Johann Strauss – vorgedrungen ist, auch sein mag. Sie im Alltag umzusetzen, funktioniert oft nicht. Das „Nicht-abschalten-Können“ und Grübeln, also eine kreisende gedankliche Weiterbeschäftigung mit Problemen, ohne dadurch einer Lösung näher zu kommen, ist ein zentrales Problem vieler Menschen, die unter Arbeitsstress und Burnout leiden. Mehr oder weniger kennt das jeder. Leider kann man sich Gedanken nicht einfach verbieten. Der Versuch *(„Ich will nicht ständig an meine Probleme in der Arbeit denken …“)*, lenkt die Gedanken unweigerlich auf eben diese Thematik. Die Reizworte *(„Arbeit/Probleme“)* reichen aus, um den gedanklichen Teufelskreis anzuheizen, die Verneinung *(„Ich will nicht …“)* wird vom Gehirn unweigerlich ausgeblendet. Das Tragische ist somit: Indem man an bestimmte belastende Themen nicht mehr denken will, werden diese umso präsenter.

Wenn Grübeln immer penetranter und dominierender wird, resultieren daraus oftmals Ein- und Durchschlafstörungen und, im ungünstigen Fall, eine Kaskade weiterer psychischer Probleme bis hin zu Depressionen. Zumal nachts, wenn man einschlafen muss, um morgens fit und leistungsfähig sein zu können, dreht sich das Rad im Kopf weiter. Vom Prinzip her mag man sich noch der Hoffnung hingeben, durch Nachdenken dieser Art der Problemlösung näher zu kommen. Schließlich ist es gut und ehrenwert, intensiv über schwierige Themen nachzudenken. Oft ist es eine Mischung aus Sorge *(„Habe ich nichts vergessen? Ich muss noch …“)*, Angst *(„Hoffentlich nicht wieder …“)*, gedankliche Weiterbeschäftigung mit einer vorausgegangenen belastenden Arbeitssituation *(„Hätte ich nicht besser …“)* bzw. Ärger *(„Wie kann er/sie nur …“)*, die Grübelkreisläufe aufrechterhält. Aus einem gewissen Abstand heraus betrachtet ist Grübeln ein merkwürdiges Phänomen. Eigentlich hat es nur Nachteile: Die Probleme werden absehbar nicht geringer, die Anspannung steigt, der Schlaf wird schlecht, Erholung wird schließlich unmöglich und die Leistungsfähigkeit sinkt. Grübeln hält chronischen beruflichen Stress aufrecht und bildet somit ein zentrales Element der Bewältigung chronischer beruflicher Überlastung.

Ich weiß nicht. Grübeln passiert einfach, ich habe zu viele Probleme.
Vielleicht weil ich immer ein gewissenhafter Mensch war.
Wenn ein Problem da ist, dann tue ich alles, um es zu lösen.
Und bezogen auf den Konflikt mit dem neuen Chef …

Hans D.

Ich weiß nicht, vielleicht, weil es so ärgerlich ist,
weil ich frustriert und auch ein wenig wütend bin …

Karin P.

3.5.2 Der Grübelkreislauf

Es ist gut, wenn man eine Vorstellung davon hat, wo die Ursache des eigenen Grübelns liegt. Oft, so wie bei unseren Fallbeispielen, ist es eine Mischung aus aktuellen Problemen und persönlichen Mustern, zwischen - hier quasi fehlgeleiteter - Gewissenhaftigkeit, Hilflosigkeit und erlebten Kränkungen. Letzteres lässt sich anhand der Gratifikationswaage (vgl. Abbildung 5, Seite 32) gut darstellen. Oft dreht sich Grübeln um ein Thema, das etwas mit dem Entzug von Gratifikation zu tun hat. Kennen Sie das? Aber auch wenn Ihnen die Hintergründe Ihres Grübelns unklar bleiben sollten: Entscheidend ist, dass Grübeln nicht mit gezieltem Nachdenken gleichzusetzen ist. Grübeln führt selten zur erhofften Lösung von Problemen, sondern wird im Verlauf der Chronifizierung selbst oft zur Ursache von chronischem Stress! Der Grübelkreislauf (vgl. Abbildung 11) macht deutlich, warum Grübeln ein sich in doppeltem Sinne selbst aufrechterhaltender Teufelskreis ist.

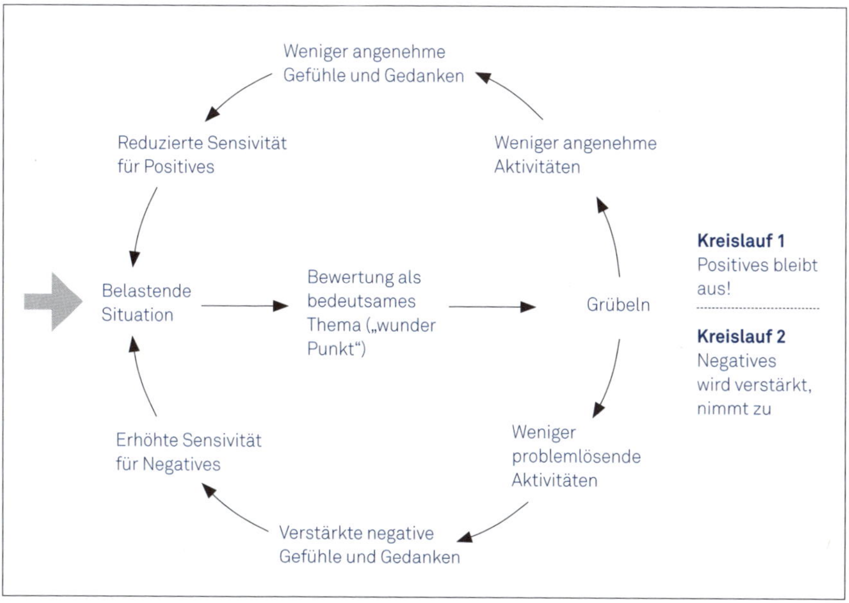

Abbildung 11: Der Grübelkreislauf

Eine belastende Arbeitssituation wird dadurch emotional bedeutsam, dass ein persönlicher „wunder Punkt" berührt wird. Die dadurch angestoßene gedankliche Weiterbeschäftigung führt über die Blockade positiver und erholsamer Erfahrungen und zur Abnahme positiver Gedanken und Gefühle zu einer reduzierten Sensitivität für Positives. Belastende Erfahrungen (obere Hälfte des Grübelkreislaufs) nehmen weiter zu. Zugleich verhindert Grübeln zielführende problemlösende Aktivitäten, mit der Folge vermehrter negativer Gedanken und Gefühle und einer erhöhten Sensitivität für Negatives. Erneute belastende Erfahrungen werden so immer wahrscheinlicher (untere Hälfte des Grübelkreislaufs). Wo ist da der Notausgang? Abbildung 12 zeigt, wie ein Ausstieg gelingen kann.

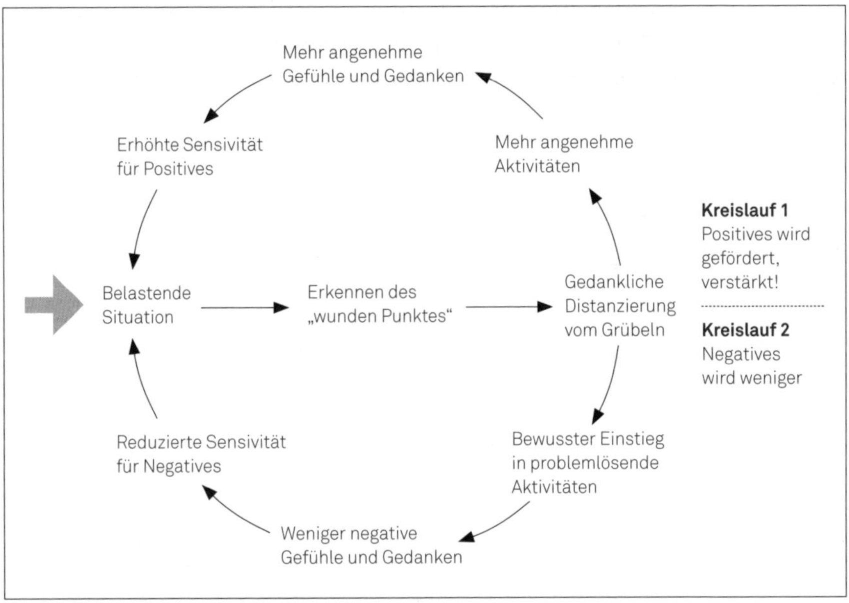

Abbildung 12: Durchbrechung des Grübelkreislaufs

Nach Aktivierung des „wunden Punktes" gilt es in einem ersten Schritt, Grübeln als solches zu erkennen! Solange man sich der Illusion hingibt, das Problem durch weiteres Nachdenken lösen zu können, oder im Kränkungserleben stecken bleibt, grübelt man. Grübeln als solches zu erkennen und zu enttarnen, hat den gleichen Effekt, wie das Rumpelstilzchen beim Namen zu nennen. Wenn etwas vorgibt, der Problemlösung zu dienen und als Schwindler enttarnt ist, würden sie einem solchen Betrüger Zeit, Geld und Energie in den Rachen werfen? Zum einen besteht die Möglichkeit, durch gezielte Wiederaufnahme positiver Aktivitäten sich wieder Zugang zu positiven Gedanken und Gefühlen zu schaffen und sich wieder für positive Erfahrungen zu sensibilisieren (obere Hälfte des Grübelkreislaufs). Der Einstieg in Aktivitäten zur Lösung des Problems bietet zum anderen zugleich die Chance, negative Gedanken und Gefühle zu reduzieren und eine erhöhte Sensitivität für Negatives zu lindern (untere Hälfte des Grübelkreislaufs).

„Gruppengrübeln"

Grübeln kann als individuelles, aber auch als gemeinschaftliches Phänomen auftreten. Worüber reden Sie mit Ihren Kollegen z.B. in Pausen am Arbeitsplatz? Es gibt Abteilungen, da werden auch in Pausen ständig Probleme auf Ebenen jenseits der eigenen Einflussmöglichkeiten gewälzt. Schlechte Arbeitsbedingungen, unfähige Vorgesetzte, unfaire Vorgaben von oben ... Das Verführerische daran ist, dass alle einer Meinung sind und sich näherkommen. Wenn die Pause vorbei ist, dann ist allen noch deutlicher geworden, wie hoffnungslos die Situation ist. Stattdessen wurden Erholungsmöglichkeiten verpasst. Wenn sich das Team darüber klar wird, dass hier gegrübelt wird und welche längerfristig negativen Folgen das hat, ließen sich die Weichen anders stellen. Ein „Grübelbeauftragter" identifiziert die aktuelle Grübelatmosphäre, gibt ein Signal („Grübelalarm") und das Thema wird gewechselt. So merkwürdig das klingen mag, in der Praxis kann es durchaus funktionieren!

3.5.3 Überwindung des Grübelns

Sobald sich die eigenen Gedanken in vertrauten Grübelthemen verfangen (was man in der Regel schnell merkt!), denken bzw. sprechen Sie laut: *„Achtung, Grübelalarm!"* Die Enttarnung ist mitunter bereits die (halbe) Lösung! Und wenn mir klar ist, dass ich grüble? Dann geht es um den konsequenten Entschluss, aus dem Grübeln auszusteigen.

Merke

Unser Gehirn ist eine „Problemlösemaschine". Es kann gar nicht anders, als sich mit ungelösten Problemen zu beschäftigen. Zum einen kann sich Grübeln anfühlen, als sei man der befürchteten Bedrohung selbst ausgesetzt. Zum anderen vermittelt Grübeln die Illusion, hierdurch zur Lösung des Problems beizutragen. Womit wir in die Falle geraten sind. Zur Linderung des Grübelns kann *Achtsamkeit* hilfreich sein (vgl. Kapitel 3.1.4).

Eine andere Möglichkeit besteht darin, die eigenen Grübelgedanken ernst zu nehmen und sich mit der damit einhergehenden Katastrophe, so unangenehm diese auch sein mag, gezielt auseinanderzusetzen *(„Wenn die befürchtete Katastrophe tatsächlich eintritt, was wäre dann? Wie würde ich dann damit umgehen?")*. Mitunter gewinnen Grübelgedanken ihre Energie dadurch, dass sie Tabus berühren, über die man lieber nicht nachdenken würde. Nur: Wir können nicht *nicht* an etwas denken. In aller Regel nimmt die Anspannung im Verlauf der Konfrontation mit den eigen Sorgen dadurch ab, dass man ihr die Chance gibt, ohne weiteres Zutun wieder abzuklingen. Ein solches Vorgehen entspräche dem Prinzip der Angstkonfrontation, die eine der wirksamsten Strategien der kognitiven Verhaltenstherapie ist.

Falls Sie weiter zumindest ein bisschen Hoffnung haben sollten, dass Ihr Grübeln irgendwann doch noch zur Problemlösung führt, dann liegt ein paradoxer Ansatz nahe: Versuchen Sie, Ihr Bedürfnis zu grübeln konsequent ernst zu nehmen. Legen Sie ein Grübel-Tagebuch an, ein möglichst dickes Heft, dem Sie einen Titel geben können, etwa *Die Gedanken, die mir den Schlaf rauben*. Und dann gilt es, absolut konsequent, dieses Buch zu füllen. Sie können nachts keinen Schlaf finden, weil in Ihrem Kopf die Gedanken kreisen? Stehen Sie auf, setzen Sie sich an einen Tisch und schreiben alle Sie beschäftigenden Gedanken auf, wirklich alle. Und wenn Ihnen nichts mehr einfällt, legen Sie sich wieder ins Bett. Wenn das Einschlafen dann immer noch nicht funktioniert, dann werden es weitere Gedanken sein, die noch nicht notiert wurden. Stehen Sie also auf, schreiben Sie ... und so weiter. Am Tag gilt es dann, das Aufgeschriebene zusammenzufassen und thematisch zu sortieren, egal, ob die Probleme lösbar sind oder nicht. Hierdurch erstellen Sie dann zum einen eine umfangreiche Bestandsaufnahme der Sie beschäftigenden (Grübel-)Gedanken. Als erwünschter Nebeneffekt nimmt dann meistens das Bedürfnis zu grübeln deutlich ab. Warum? Die Redundanz der aufgeschriebenen Gedanken nimmt diesen nach und nach die emotionale Sprengkraft. Nächtliches Aufstehen, um immer wieder das Gleiche zu notieren, nervt irgendwann. Garantiert.

Zuweilen macht es die Hartnäckigkeit von Grübelgedanken erforderlich, diesen Gedanken engagiert und konsequent alternative Gedanken entgegenzusetzen.

Neben Strategien, sich direkt mit den Grübelgedanken zu beschäftigen, ist Ablenkung ebenfalls ein gutes Mittel, um den Grübelgedanken ihren Nährboden zu entziehen.

Erholungsaktivitäten, die mit anderen zusammen gemacht werden (z.B. Kaffee trinken gehen, gemeinsam Kochen, Spazieren gehen) und ein hohes Maß an Konzentration erfordern (z.B. mit Kindern spielen, Klettern, Badminton spielen, Progressive Muskelentspannung praktizieren) sind besonders gut geeignet, den Kopf wieder frei zu bekommen. Auch manche Aktivitäten, die alleine gemacht werden, können hilfreich sein, wenn es gelingt, sich ganz in eine Tätigkeit zu „versenken“, z.B. im Garten arbeiten, am Auto schrauben, ein Fotoalbum erstellen. Zudem bauen diese Aktivitäten Ressourcen auf, z.B. werden Beziehungen zu anderen gepflegt und vertieft, eine persönliche Fähigkeit wird weiterentwickelt und trainiert oder man hat etwas geschaffen und freut sich am Ergebnis.

Während es bis jetzt mehr darum ging, die negativ kreisenden Gedanken aus dem Kopf herauszubekommen, kann es auch ein Ziel sein, den Kopf aktiv mit positiven Gedanken zu füllen. Leider ist die menschliche Aufmerksamkeit von Natur aus unfair. Sie nimmt negative Ergebnisse automatisch wahr, darum muss sich niemand aktiv bemühen. Anders ist es jedoch mit positiven Erlebnissen, die regelmäßig schlicht nicht wahrgenommen werden. Daher braucht es Training, um der Aufmerksamkeit Fairness beizubringen. Ein Mittel dazu ist das Führen eines Dankbarkeitstagebuchs. Es geht darum, sich zu entscheiden, auch auf die positiven Erlebnisse zu achten, sie aufzuschreiben oder ein Bild davon zu machen. Im Urlaub sind viele Menschen aktiv und kreativ, wenn es darum geht, schöne Ansichten zu fotografieren. Warum nicht einmal 14 Tage mit ähnlichen Engagement Fotos von allem machen, was gut war und wofür man dankbar ist? Am Ende des Tages diese Fotos anzuschauen und Erlebnisse und Begegnungen im Dankbarkeitstagebuch zu notieren, kann eine Entlastung sein und die Schärfe in den negativen Grübelgedanken abmildern.

3.6 Stabiles Selbstwerterleben im Beruf

Fragen zum Einstieg

- Erfahren Sie ausreichend Wertschätzung in Ihrer Arbeit?
- Von wem und in welcher Form erfahren Sie Wertschätzung?
- Was denken Sie, wenn Sie vom Chef oder von Kollegen gelobt werden? Ist es Ihnen angenehm, gelobt zu werden? Können Sie Lob annehmen?
- Welche negativen Erfahrungen könnten Ihren Umgang mit Lob geprägt haben?
- Welche positiven Erfahrungen verbinden Sie mit Lob und Wertschätzung?
- Welche Formen der Selbstwertschätzung für berufliche Leistungen praktizieren Sie?

3.6.1 Wertschätzung als Gegengewicht zu beruflichen Belastungen

Ausgehend von der Gratifikationswaage (Abbildung 5, Seite 32) stehen Belastungen und Stress auf der linken Seite der Waage dem Gehalt, der Arbeitsplatzsicherheit bzw. den Aufstiegschancen sowie der Wertschätzung durch Vorgesetzte, Kollegen und Kunden als zentrale „Belohnungen" auf der rechte Seite der Waage gegenüber. Insbesondere dann, wenn das wirtschaftliche Überleben nicht unmittelbar bedroht ist, bekommt das Erleben von Wertschätzung im Berufsalltag besonderes Gewicht, auch in Hinblick auf das Risiko, eine depressive Symptomatik zu entwickeln. Ursprünglich gingen die Autoren des Modells der beruflichen Gratifikationskrise davon aus, dass Wertschätzung primär ein von außen auf das Individuum einwirkender Faktor sei. In der Praxis zeigt sich jedoch, dass die Fähigkeit, Lob und Wertschätzung annehmen und sich selbst wertschätzen zu können, von Person zu Person sehr unterschiedlich sein kann (Lehr, Hillert & Keller, 2009).

Loben? Das macht mein Chef doch nur, weil er es gelernt hat und es heute so üblich ist. Dann muss er sich nichts vorwerfen und kann sich für einen guten Chef halten.

Hans D.

Lob? Meistens ist es nur der Auftakt,
um mir eine weitere Zusatzaufgabe zu geben.

Karin P.

Offenbar ist „Loben" und Wertschätzung mehr als eine Frage der Menge, sondern auch der Qualität. Wobei diese in hohem Maße von der Situation und z. B. den Erwartungen der handelnden Personen abhängt. Wird beispielsweise ein Lob als angemessen und ehrlich erlebt? Wie hoch ist das eigene Bedürfnis nach Wertschätzung von außen? Von welchen Beteiligten (z. B. Chef, Kollegen, Kunden oder die Organisation als Ganzes) ist Wertschätzung realistisch zu erwarten? Wie oft muss der Chef Sie loben, damit Sie sich genug gelobt und wertgeschätzt fühlen? Wertschätzung von Mitarbeitern ist mittlerweile eines der zentralen Themen in Vorgesetztenschulungen. *„Loben Sie Ihre Mitarbeiter, das erhöht die Mitarbeiterzufriedenheit und die Produktivität!"* ist in entsprechenden Broschüren zu lesen. Dass derart intendiertes Lob oft nicht funktionieren kann, weil es von den Gelobten oftmals unmittelbar als das, was es ist, nämlich als Floskel, entlarvt wird, ist naheliegend. Aber wie kann die Wertschätzung von Mitarbeitern in einem sensiblen Spannungsfeld von persönlicher Verbundenheit und intendierter Leistungssteigerung funktionieren?

3.6.2 Lob und Wertschätzung annehmen können

In unserer Leistungsgesellschaft war und ist Lob von jeher ein schwieriges Thema. Viele sind mit Sätzen wie „Eigenlob stinkt" aufgewachsen, sich selbst zu loben hat den Beigeschmack von Arroganz. Ein gesunder Umgang mit dem Thema „Selbstwertschätzung" ist angesichts dessen alles andere als selbstverständlich! Menschen, die ein geringes Selbstwertgefühl haben, fühlen sich einerseits in hohem Maße auf Lob von außen angewiesen, andererseits fällt es ihnen schwer, Lob von außen anzunehmen: Wenn ich mich selber nicht wertschätze, wie kann es dann ein anderer ernst meinen, wenn er mich lobt? Aufgrund seiner zentralen Bedeutung für berufliches Stress- und Gratifikationserleben verdienen persönliche Voraussetzungen beruflichen Wertschätzungserlebens besondere Aufmerksamkeit. Die Fähigkeit, das eigene Selbstwertgefühl auch über Momente ausbleibender Wertschätzung durch andere oder gar Kritik und Infragestellung des Werts der Arbeit hinweg stabil halten zu können, ist zur Bewältigung des Erwerbslebens unverzichtbar. Auch wenn dies dauerhaft als einzige Quelle von Wertschätzung sicher nicht ausreicht.

Sich selbst loben können – ein Verhaltensexperiment

Stellen Sie sich vor einen Spiegel und sprechen Sie laut folgende Worte: *„Vielen Dank für Ihr Lob! Es freut mich sehr, dass Sie meine Fähigkeiten und Leistungen anerkennen. Mir ist bewusst, dass ich wirklich gute Arbeit geleistet habe und für meine Aufgabe die Idealbesetzung bin!"*

Wie fühlen Sie sich bei dieser kleinen Übung? Vielen Menschen fällt sie sehr schwer! Sich selbst zu loben, ist zunächst einmal ungewohnt. Insbesondere für Menschen, die unter Stress im Beruf oder einem geringen Selbstwertgefühl leiden. Gerade dann kann die Wiederholung dieser Übung, in Gedanken wie auch in persönlicher Formulierung gegenüber realen Kollegen oder dem Chef, den persönlichen Umgang mit Lob fördern. Von anderen gelobt zu werden, führt in der Regel nur dann zu einem „guten Gefühl", wenn man Lob – auch von sich selbst – annehmen kann.

Fallbeispiel: Karin P.

Karin P. gehört zu jenen, denen diese Übung schwerfällt: *„Sich selbst loben, das gehört sich doch nicht. Das klingt doch irgendwie arrogant."* Entsprechend reagiert Karin P., wenn sie vom Chef gelobt wird, meist mit einem fast verschämten: *„Das war doch selbstverständlich!"* – was dann vom Chef als Aufforderung, ihr eine weitere Zusatzaufgabe zu übertragen, verstanden wird.

Damit die rechte Seite der Gratifikations-Waage an Gewicht gewinnen kann, ist es wichtig, Lob und Wertschätzung annehmen und sich selbst wertschätzen zu können. Annehmen ist deutlich mehr, als ein Lob über sich ergehen zu lassen. Es geht um ein bewusstes, emotional getragenes, positives Erleben von Wertschätzung. Eigentlich müsste das eines der schönsten Erlebnisse sein, die man im Berufsalltag haben kann.

3.6.3 Warum fällt es oft so schwer, Lob anzunehmen?

Prägende Erfahrungen mit Lob haben in aller Regel erhebliche Auswirkungen auf den Umgang mit Wertschätzung im Beruf! Wurden Sie von Ihren Eltern gelobt und anerkannt? Für was wurden Sie gelobt und wertgeschätzt? Mussten Sie es sich verdienen? Und wenn ja, wie hoch lag diesbezüglich die Latte? Wer sich schwer tut, Lob anzunehmen, wird absehbar seltener welches bekommen. Welcher Chef lobt gerne Mitarbeiter, die dabei ein süßsaures Gesicht machen, so als hätte er sie bei einer Lüge ertappt? Hieraus kann sich ein tragischer Teufelskreis von geringer Erwartung an Wertschätzung und tatsächlich ausbleibender Wertschätzung entwickeln.

Umgekehrt: Auch unter den unfreundlichsten, mit Lob mehr als knausernden Vorgesetzten gibt es mit sich und der Welt zufriedene Mitarbeiter. *„Wenn mich mein Chef nicht lobt, ist mir das letztlich egal. Ich weiß, dass ich gute Arbeit leiste. Wenn die Kunden zufrieden sind, und das bestätigen sie mir oft, dann bin ich vollauf zufrieden. Und am Feierabend belohne ich mich damit, dass ich …“* Könnte das Zitat von Ihnen stammen? Falls nicht, was hält Sie davon ab, Selbstwertschätzung zu praktizieren? Als Mittel gegen chronischen beruflichen Stress haben sich die folgenden Formen der Selbstwertschätzung bewährt:

Wenn ich eine Aufgabe erfolgreich erledigt habe …

1. *Selbstwertförderliche Gedanken:* Wenn mir etwas gelungen ist, dann denke ich: *„Das hast du wirklich gut gemacht!“*
2. *Selbstwertförderliches Verhalten:* Wenn ich etwas erledigt habe, dann mache ich etwas Belohnendes.
3. *Selbstwertförderliches Kommunikation:* Wenn etwas gut gelaufen ist, dann berichte ich anderen davon.
4. *Selbstwertförderliche Emotionen:* Wenn ich Erfolg habe, dann kann ich mich gut fühlen und stolz darauf sein.
5. *Selbstwertförderliche Ursachenzuschreibung:* Ich weiß, dass ich für meine Abteilung wichtig bin. Wenn wir Erfolg haben, dann ist das auch mein Verdienst.

3.6.4 Führen eines Lobtagebuchs

Aufgabe eines Lobtagebuchs ist es, darin regelmäßig (z. B. jeden Abend) einzutragen: „*Wofür lobe ich mich heute? Was mir heute gut gelungen?*“ Dabei geht es weniger um (seltene) Heldentaten, sondern um die Würdigung der im Alltag übliche Leistungen (z. B. „*Ich konnte ein Projekt abschließen, dass mich schon länger belastet hat*“, „*Ich konnte ein schwieriges Thema mit einem Kollegen ansprechen*“, „*Ich habe es geschafft, in einer Situation ruhig zu bleiben, in der ich früher ungeduldig und aggressiv geworden wäre*“). Wichtig ist, dass es sich jeweils um – auch wenn sie klein gewesen sein mögen – Leistungen Ihrerseits, nicht um glückliche Zufälle handelt. Aufbauend darauf stellt sich die Frage: Wie Sie Ihre Leistungen wertschätzen? Die im Kasten in Kapitel 3.6.3 aufgeführten Formen der Selbstwertschätzung können hierzu als Orientierung dienen.

3.7 Ausblick: Berufliche Stressbewältigung im Kontext persönlicher Ressourcen, Werte und Ziele

Fragen zur Einführung

- Welche der in den zurückliegenden Kapiteln angesprochenen Themen und Empfehlungen haben Sie als hilfreich erlebt?
- Welche Übungen haben Sie umgesetzt? Was hat geholfen, was weniger?
- Welche Veränderungen ergeben sich hierdurch für Ihre berufliche Situation?

In diesem Band wurden Ansatzpunkte zur Bewältigung von chronischem beruflichem Stress vorgestellt. Ausgangspunkt war dabei die Balance von Engagement und dafür erhaltende Gratifikationen *(Modell der beruflichen Gratifikationskrise)*: Wenn den Anforderungen, die Sie tagtäglich im Beruf bewältigen müssen, hinreichend Gratifikationen gegenüberstehen, ist die Wahrscheinlichkeit hoch, dass Sie langfristig eine hohe Lebensqualität genießen können und gesund bleiben. Wenn nicht, dann sind gesundheitliche Risiken erhöht. Dabei ist die eigene Gratifikationsbalance einerseits von den Rahmenbedingungen des Arbeitsplatzes abhängig. Andererseits spielen individuell verfügbare Werkzeuge, Verhaltensgewohnheiten sowie persönliche Werte und Ziele eine mitunter entscheidende Rolle. Dieser Ratgeber wendet

Abbildung 13: Ebenen persönlicher Ressourcen, Werte und Ziele

sich an Sie als betroffene Erwerbstätige, weniger an Institutionen, weshalb wir uns schwerpunktmäßig mit Ihren persönlichen Möglichkeiten zur Verringerung von beruflichem Stress beschäftigt haben.

Abbildung 13 macht deutlich, auf welchen Ebenen individuelle Stressbewältigung bzw. Burnout-Prophylaxe stattfindet bzw. vermittelt und gefördert werden kann. In Ratgebern wie diesen stehen vorzugsweise *Werkzeuge und Strategien* im Vordergrund, die in Form von Handlungsempfehlungen und praktischen Übungen vermittelt werden können. Auch in diesem Band haben Sie einige in wissenschaftlichen Studien und der psychotherapeutischen Praxis bewährte Empfehlungen dieser Art kennengelernt. Hiervon ausgehende Erkenntnisse und deren praktische Anwendung können beruflich belasteten Menschen helfen:

Fallbeispiele: Hans D. und Karin P.

Hans D. hat die Identifikation seiner Stressverstärker und die bewusste Durchbrechung von Grübelkreisläufen geholfen.

Karin P. hatte angesichts der Auseinandersetzung mit ihrer persönlichen Balance von beruflichem Engagement und erlebter Wertschätzung ein „Aha"-Erlebnis. Auf was wollte sie im Leben noch warten? Nach einer intensiven Auseinandersetzung mit ihrer jüngeren Tochter beschlossen beide gemeinsam, regelmäßig mehr Zeit miteinander zu verbringen und dabei weder über die

Schule noch über das Büro zu reden. Eine patente und humorvolle Tochter zu haben, hilft manchmal, sich weniger über schlechte berufliche Rahmenbedingungen ärgern zu müssen.

Wenn Werkzeuge und Strategien sich nicht bewähren, dann hängt dies oftmals mit der darüber liegenden Ebene zusammen, den persönlichen Verhaltens- und Erlebensmuster, also unseren übergreifend wirksamen Einstellungen, Verhaltensgewohnheiten und Erlebensweisen. Diese sind das Ergebnis des Zusammenwirkens von (genetischer) Veranlagung, persönlicher Lerngeschichte und u.a. der allgemeinen gesundheitlichen Situation. Dass auf dieser Ebene liegende Einflüsse die Anwendung eigentlich sinnvoller und hilfreicher Werkzeuge und Strategien blockieren können, ist Betroffenen selbst durchaus nicht immer bewusst. Sich zum Beispiel gegenüber Kollegen und dem Vorgesetzten nicht hinreichend behaupten und eigene Bedürfnisse durchsetzen zu können, könnte z.B. auf Unsicherheit bezüglich des Wertes und der Berechtigung eigener Bedürfnisse und einer übergreifenden Neigung zur Vermeidung von Konflikten verweisen.

Fallbeispiele: Hans D. und Karin P.

Hans D. hat erkannt, wie seine Gedanken und sein kreisendes Grübeln zur Verschärfung seiner beruflichen Stressbelastung beitragen können. Die Erfahrung, diese Dynamik nach und nach verringern zu können, erlebt er als ein wichtiges Instrument, sein chronisches Überlastungsgefühl zu lindern. Hierdurch gelang es ihm zunehmend, seine Leistungsansprüche zu relativieren, was zwischenzeitlich vielleicht sogar dazu geführt hat, seine persönlichen Ziele ein Stück mehr in Richtung seines Privatlebens zu verlagern.

Karin P. setzte sich relativ schnell mit dem Stellenwert auseinander, den für sie die Arbeit hatte. Sie schaffte es nach einer Auseinandersetzung mit ihrer Tochter, ihr Leben auf eine breitere, befriedigendere Basis zu stellen. Sich gegenüber dem Chef besser abgrenzen zu können, war bei ihr eher eine Folge dieser veränderten Gewichtung von Werten und Zielen.

Erwerbsarbeit ist und bleibt einer der wichtigsten Lebensbereiche. Eine positive Gestaltung der Lebenswelt „Arbeit" ist schon deshalb von zentraler Bedeutung für unsere psychische und körperliche Gesundheit. Arbeit erfüllt zentrale gesunderhaltende Funktionen, wie z. B. Sinnstiftung, Sicherstellung einer geregelten Alltagsstruktur und soziale Einbindung. Mittels Erwerbsarbeit können neben der damit verbundenen finanziellen Autonomie eigene Fähigkeiten erweitert und mit positiven Auswirkungen auf das eigene Selbstwerterleben angewendet werden. Im ungünstigen Fall sind berufliche Belastungen ein zentraler, die Entwicklung körperlicher und psychischer Beschwerden auslösender und aufrechterhaltender Faktor. Im günstigen Fall kann eine positive Teilhabe am Arbeitsleben zum Erhalt von körperlicher und psychischer Gesundheit beitragen. Um Letzteres soweit möglich auch unter erschwerten beruflichen Rahmenbedingungen eigenständig erreichen und festigen zu können, werden Wissen, Erfahrungen und Übungen im Sinne eines professionellen Umganges mit beruflichen Belastungen in Zukunft immer wichtiger werden. Wir hoffen, Ihnen mit diesem Band Impulse in diese Richtung geben zu haben!

Anhang

Zitierte Literatur

Burisch, M. (2014). *Das Burnout-Syndrom. Theorie der inneren Erschöpfung*. Heidelberg: Springer.

Hautzinger, M. (2006). *Ratgeber Depression. Informationen für Betroffene und Angehörige*. Göttingen: Hogrefe.

Lehr, D. (2015). Selbstbeschleuniger-Selbsttest. In S. Koch, D. Lehr & A. Hillert, *Burnout und chronischer beruflicher Stress* (Fortschritte der Psychotherapie, Band 60, S. 103–105). Göttingen: Hogrefe.

Lehr, D., Hillert, A. & Keller, S. (2009). What can balance the effort? *International Journal of Occupational and Environmental Health, 15*, 374–384.

Maslach, C. & Jackson, S. E. (1986). *The Maslach Burnout Inventory Manual*. Palo Alto, CA: Consulting Psychologists Press.

Riemann, D. (2016). *Ratgeber Schlafstörungen: Informationen für Betroffene und Angehörige* (2. Aufl.). Göttingen: Hogrefe.

Siegrist, J. (2015). *Arbeitswelt und stressbedingte Erkrankungen*. München: Urban & Fischer.

Wolkenstein, L. & Hautzinger, M. (2015). *Ratgeber Chronische Depression. Informationen für Betroffene und Angehörige*. Göttingen: Hogrefe.

Literaturempfehlungen

Bohus, M., Lyssenko, L., Wenner, M. & Berger, M. (2013). *Lebe Balance. Das Programm für innere Stärke und Achtsamkeit*. Stuttgart: TRIAS.

Ehrig, C. & Voderholzer, U. (2014). *Der gute und erholsame Schlaf: Was Sie darüber wissen sollten*. Bern: Huber.

Hautzinger, M. (2006). *Ratgeber Depression. Informationen für Betroffene und Angehörige*. Göttingen: Hogrefe.

Hofmann, E. (2013). *Progressive Muskelentspannung – Entspannungs-CD* (2., neugestaltete Auflage). Göttingen: Hogrefe.

Kabat-Zinn, J. (2013). *Gesund durch Meditation. Das vollständige Grundlagenwerk zu MBSR*. München: O. W. Barth.

Metzner, M. (2016). *Achtsamkeit und Humor* (2. Aufl.). Stuttgart: Schattauer.

Arbeitsblätter

Arbeitsblatt: Meine Stressmerkmale 1

Bitte tragen Sie hier für die folgenden Bereiche typische Signale Ihres persönlichen Stresserlebens ein (für Anregungen vgl. Tabelle 1, Seiten 24–25).

Im Bereich des Körpers:

Im Bereich des Gedanken:

Im Bereich der Gefühle:

Im Bereich des Verhaltens:

Arbeitsblatt: Persönliche Gratifikationsbalance

2

Was sind die wichtigsten Bedingungen an Ihrem Arbeitsplatz, die von Ihnen aktuell Verausgabung erfordern?

Gewicht:

Welche Ihrer persönlichen Eigenschaften und Verhaltensweisen sind dafür verantwortlich, dass Sie sich bei der Arbeit verausgaben?

Gewicht:

Was sind die wichtigsten belohnenden Aspekte (Gratifikationen) bei Ihrer Arbeit, die Ihre Verausgabung aufwiegen?

Gewicht:

Welche Ihrer persönlichen Eigenschaften und Verhaltensweisen sind dafür verantwortlich, dass Sie Erfolg und Zufriedenheit bei Ihrer Arbeit erleben?

Gewicht:

Verausgabungs-Kilos von 1= sehr leicht bis 10 = sehr schwer

Gratifikations-Kilos von 1= sehr leicht bis 10 = sehr schwer

Arbeitsblatt: Welche zentralen Bedürfnisse erfüllt Ihr aktueller Arbeitsplatz? 3

Bitte beurteilen Sie anhand folgender Eigenschaften Ihre aktuelle berufliche Situation im Vergleich zu einer wünschenswerten, d. h. Ihren persönlichen Bedürfnissen entsprechenden Arbeitsplatzsituation:

Bewerten Sie dafür die Eigenschaften von 1 = sehr wichtig bis 5 = gar nicht wichtig.

	aktuelle Situation	wünschenswerte Situation
1. Sicherer Lebensunterhalt	______	______
2. Möglichkeiten zum Erwerb neuer Fähigkeiten	______	______
3. Möglichkeiten zur Anwendung eigener Fähigkeiten	______	______
4. Sinnstiftung	______	______
5. Zeitstrukturierung	______	______
6. Soziale Kontakte bei der Arbeit	______	______
7. Einen gesellschaftlichen Beitrag leisten	______	______
8. Freude an der Arbeit	______	______

Arbeitsblatt: Stressverschärfertest[1] 4

Stressverschärfer – was ist das? Stressverschärfer sind wie innere Stimmen, die uns ständig antreiben, uns unter Druck setzen und Anspannung hervorrufen. In welchem Bereich liegen Ihre *Stressverschärfer*? Gibt es Gedanken und Einstellungen, die Ihren Stress verschlimmern?

Gedanken dieser Art sind mir …	**nicht vertraut**	**vertraut**	**sehr vertraut**
1. Wenn ich Kollegen oder Vorgesetzte um Unterstützung bitte, dann ist das ein Zeichen von Schwäche.	0	1	2
2. Ich erwarte von mir höhere Leistungen bei meinen täglichen Aufgaben, als die meisten anderen es von sich verlangen.	0	1	2
3. Ich werde es nie schaffen, dieses Problem zu lösen.	0	1	2
4. Wenn ich bei meiner Arbeit versage, dann bin ich als ganzer Mensch ein Versager.	0	1	2
5. Etwas spontan ausprobieren zu müssen, wäre schrecklich, denn es könnte ein Reinfall werden.	0	1	2
6. Ich mache mir gewöhnlich Vorwürfe, wenn die Dinge schiefgelaufen sind.	0	1	2
7. Ich habe extrem hohe Ziele.	0	1	2
8. Ich kann es nicht ertragen, andere Leute um Unterstützung zu bitten.	0	1	2
9. Ich vermeide es lieber, Dinge auszuprobieren, wenn ich mir über das Ergebnis nicht sicher bin.	0	1	2
10. Ich kann doch wohl erwarten, dass andere mich genauso freundlich und zuvorkommend behandeln, wie ich es tue.	0	1	2
11. Ich setze mir höhere Ziele als die meisten Kollegen.	0	1	2
12. Wenn ich nicht ständig gut arbeite, dann werden die anderen mich nicht achten.	0	1	2
13. Wenn etwas schiefgelaufen ist, fühle ich mich schnell verantwortlich.	0	1	2
14. Es ist für mich sehr wichtig, dass andere Leute mögen, was ich tue.	0	1	2
15. Manche Menschen verhalten sich so unmöglich, dass ich mich einfach aufregen muss.	0	1	2

Arbeitsblatt: Stressverschärfertest (Forts.) 4

Gedanken dieser Art sind mir ...	nicht vertraut	vertraut	sehr vertraut
16. Ich brauche es, dass die Leute mich mögen.	0	1	2
17. Wenn ich etwas nicht erreiche, gebe ich mir selbst die Schuld.	0	1	2
18. Es ist mir sehr wichtig, dass die Leute billigen, was ich tue.	0	1	2
19. Ich kann diese Probleme und Schwierigkeiten einfach nicht mehr ertragen.	0	1	2
20. Die haben kein Recht, mich so geringschätzig und ungerecht zu behandeln.	0	1	2
21. Wenn ich nicht den höchsten Anspruch an mich stelle, dann ende ich wahrscheinlich als zweitrangiger Mensch.	0	1	2
22. Es ist ungerecht, dass gerade ich so viele Probleme und Schwierigkeiten habe.	0	1	2
23. Selbst ein geringes Risiko einzugehen ist dumm, denn wenn ich verliere, wird das eine Katastrophe sein.	0	1	2
24. Wenn ich um Unterstützung bitte, ist dies ein Zeichen meiner Inkompetenz und Schwäche.	0	1	2
25. Es ist sehr wichtig, wie andere Leute über mich denken.	0	1	2
26. Es gibt zu viele Leute, die einfach unmöglich sind.	0	1	2
27. Ich würde meine Schwäche entblößen, wenn ich meine Kollegen um Unterstützung, Rat und Hilfe bitte.	0	1	2
28. Etwas zu tun, wenn ich nicht genau weiß, was auf mich zukommt, wäre schrecklich.	0	1	2
29. Ich gebe mir gewöhnlich selbst die Schuld, wenn sich die Dinge nicht gut entwickeln.	0	1	2
30. Wenn ich nicht so gut bin wie andere Leute, dann heißt das, dass ich ein Mensch von geringerem Wert bin.	0	1	2
31. Andere scheinen für sich geringere Maßstäbe zu akzeptieren, als ich das tue.	0	1	2
32. Ich habe schon genug Probleme im Leben gehabt und hätte verdient, dass keine neuen mehr dazu kommen.	0	1	2

Arbeitsblatt: Stressverschärfertest – Auswertungsbogen

5

Anhand des *Stressverschärfer-Thermometers* können Sie die Bereiche erkennen, die Sie für Stress besonders anfällig machen.

Stress-verschär-fer	Habe hohe Ansprüche!	Mache keine Fehler! Sonst bist du ein Versager!	Sei anerkannt und beliebt!	Mache dich für Miss-erfolge ver-antwortlich!	Bitte niemals um Hilfe und Unter-stützung!	Scheue Unsicherheit und Risiko!	Probleme sind schlimm!	Andere soll-ten deinen Erwartungen entsprechen!
Ausprägung des ***Stressverschärfers!***	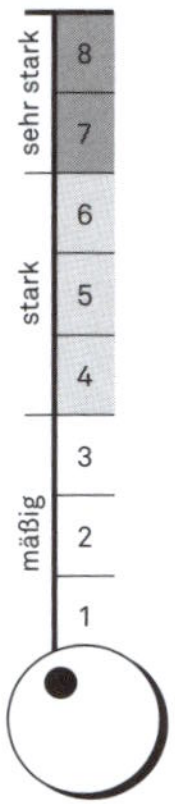	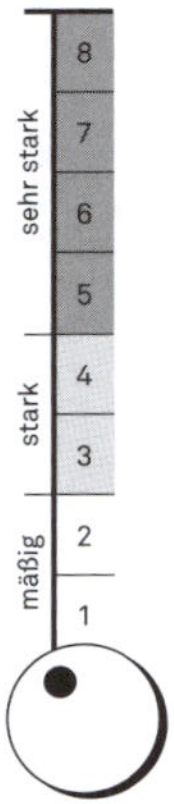	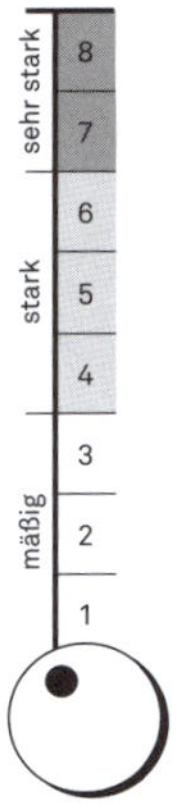	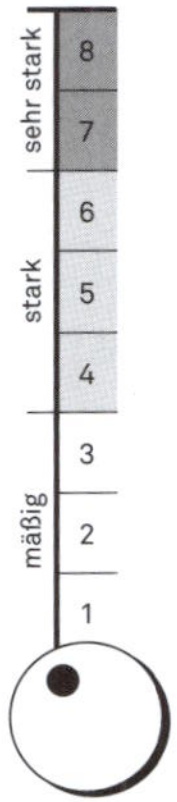	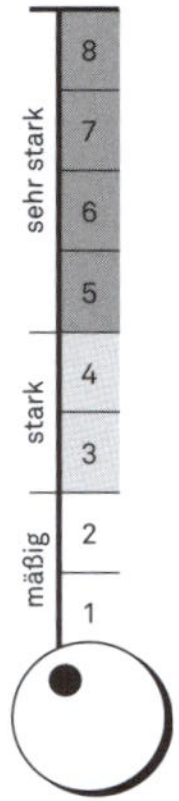	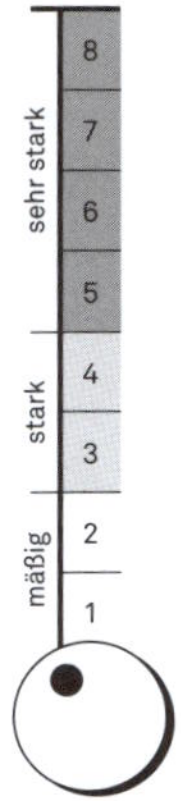	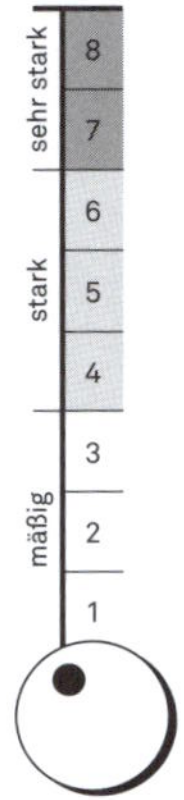	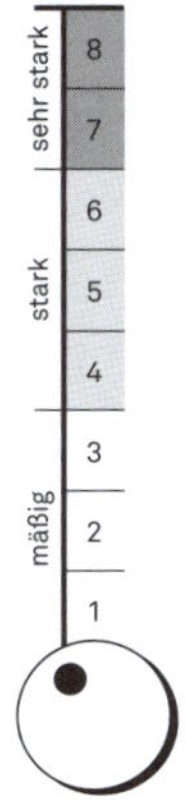
Zugehörige Fragen:	2, 7, 11, 31	4, 12, 21, 30	14, 16, 18, 25	6, 13, 17, 29	1, 8, 24, 27	5, 9, 23, 28	3, 19, 22, 32	10, 15, 20, 26

Auswertung: Jeder *Stressverschärfer* kann sich in verschiedenen Gedanken zeigen. Sie finden zu jedem *Stressverschärfer* vier typische Gedanken. Bitte addieren Sie die Punkte der zu den einzelnen *Stressverschärfern* zugehörenden Fragen. Den Punktwert können Sie direkt in Ihr *Stressverschärfer-Thermometer* übertragen. Welche *Stressverschärfer-Thermometer* sind bei Ihnen hoch oder sehr hoch ausgeprägt?

Buchtipps

Georges Steffgen / Claudia de Boer / Claus Vögele

Mit Ärger konstruktiv umgehen

Ein Ratgeber für Betroffene und Angehörige

(Ratgeber zur Reihe: „Fortschritte der Psychotherapie", Band 34)
2016, 85 Seiten, Kleinformat,
€ 9,95 / CHF 13.50
ISBN 978-3-8017-2653-9
Auch als eBook erhältlich

Dieser Ratgeber wendet sich an Personen, die sehr häufig intensiven Ärger erleben. Er zeigt anhand von Beispielen und Übungen, wie Ärger sozial verträglich ausgedrückt werden kann.

Martin Hautzinger

Ratgeber Depression

Informationen für Betroffene und Angehörige

(Ratgeber zur Reihe: „Fortschritte der Psychotherapie", Band 13)
2006, 75 Seiten, Kleinformat,
€ 8,95 / CHF 13.50
ISBN 978-3-8017-1879-4
Auch als eBook erhältlich

Der Ratgeber klärt Betroffene und Angehörige über die Beschwerden und das Krankheitsbild der Depression, den Verlauf, die Ursachen und die Behandlungsmöglichkeiten auf. Außerdem werden Selbsthilfemöglichkeiten vorgestellt.

Dieter Riemann

Ratgeber Schlafstörungen

Informationen für Betroffene und Angehörige

(Ratgeber zur Reihe: „Fortschritte der Psychotherapie", Band 2)
2., akt. Auflage 2016,
71 Seiten, Kleinformat,
€ 9,95 / CHF 13.50
ISBN 978-3-8017-2745-1
Auch als eBook erhältlich

Die Neuauflage des Ratgebers stellt wirkungsvolle verhaltenstherapeutisch orientierte Maßnahmen zur Reduktion von Schlafstörungen dar. Dazu gehören Entspannungstechniken, die Aufklärung über Schlaf und Schlafhygiene, Regeln zur Schlaf-Wach-Rhythmusstrukturierung sowie kognitive Techniken.

www.hogrefe.com

hogrefe